• facebook.com/groups/namespace
• www.bogdoo.co.kr

C++길라잡이

김태수, 전중창 공저

D.B.Info

머리말

일상생활에서 사용하고 있는 컴퓨터 응용프로그램들이 대부분 C나 C++로 구현되었다는 사실은 잘 알려져 있고 최근 들어 절차지향언어인 C언어보다 객체지향언어인 C++의 사용이 급증하고 있는 추세이다. C++을 사용하여 프로그램을 개발하기 위해서는 다양한 도구가 제공되고 있으나 본서에서는 가장 많이 알려져 있고 사용하기 편리한 Visual Studio를 이용하고자 한다. 특히 Visual Studio는 통합된 환경, 리소스 편집, 도움말 기능, 다양한 라이브러리 등 윈도우스 응용 프로그램을 개발하는데 매우 효과적인 기능을 제공한다. Visual Studio의 C++을 이용해 응용 프로그램을 개발하기 위해서는 무엇보다 기본적인 툴의 사용법부터 잘 이해하고 있어야 됨은 두말할 필요도 없다. 그러므로 본서에서는 소스 편집, 컴파일, 실행파일을 만드는 툴을 잘 이용할 수 있도록 1장에서 그 사용법을 자세히 설명하였다.

C++언어는 객체지향 언어라는 개념을 제외하고는 C언어의 확장이라고도 할 수 있으며 C언어를 익힌 사람이면 누구나 쉽게 접근할 수 있도록 본서를 구성하였다. 또한 아직 C언어에 익숙하지 않은 사람들을 위해서 프로그래밍의 핵심이라 할 수 있는 순환문을 1장에 두어 프로그램의 이해를 도왔다. C언어에 익숙한 사람이라면 1장의 순환문은 그대로 넘어가면 된다. 다음 2장에서는 C언어에는 없는 C++언어에서 새로 추가된 기능들만 모아서 설명을 하였다. 그 다음의 3장부터 나오는 내용들은 차례대로 따라가다 보면 완성단계에 이르게 된다.

본서의 주요 특징은 각 기능에 대한 개념을 간단하고 경료하게 정의하였고, 이러한 개념을 보다 쉽게 파악할 수 있도록 핵심적인 예제를 두었다. 그리고 한 개 이상의 보충예제를 두어 다양한 형태의 쓰임을 익힐 수 있도록 하였다.

본서를 통하여 C++언어에 대한 프로그램 능력이 한 단계 향상되기를 기대하며, 특히 C++언어에 처음 입문하는 분들에게 많은 도움이 되기를 간절히 바라는 바이다.

끝으로 이 책이 출간되기까지 힘써 주신 복두출판사 사장님과 출판을 도와주신 편집부 여러분에게 감사드린다.

2014.3

저자 씀

차례

01

C++의 개요

1.1 C++의 개요

C++은 지금까지 많이 사용되던 C와 마찬가지로 Bell 연구소의 Bjarne Stroustrup에 의하여 1985년에 개발되었다. C 언어는 구조적 프로그래밍과 절차성을 중요시한 언어라 할 수 있다. 다시 말해 데이터와 알고리즘을 합해놓은 프로그램을 지향하고 있다. 그러나 C가 간결성, 신뢰성, 유지 보수의 용이성을 갖고 있어도 규모가 큰 프로그래밍을 수행하는데 있어서는 어려운 점이 있었다. 이러한 점에 대하여 C++은 쉽고 쾌적하게 유용한 프로그램을 작성할 수 있도록 배려한 것으로 객체지향적인 특성을 가지고 있다. 물론 C언어를 배우고 난 이후에 C++을 접근하는 것이 용이하다고 할 수 있지만, C언어에 익숙해져 있으면 경우에 따라서는 객체지향적인 감각을 익히는데 걸림돌이 될 수 있다. 따라서 C++ 자체를 처음부터 익히는 것도 좋은 방법이 될 수 있다.

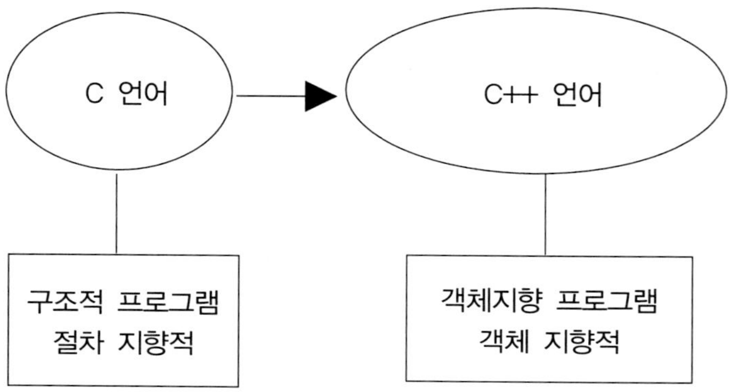

그림 1.1 C언어와 C++언어의 주요 특징

그림에서와 같이 C언어는 절차지향(Procedure-Oriented)적이며, 구조적 프로그램(Structured Programming)이다. 이에 비해 C++은 객체지향(Object-Oriented)적, 객체지향프로그램(Object-Oriented Programming)이다. 또한 C++은 대단위 프로그램이 가능하고, 코드의 재활용이 가능하며 정보의 은폐가 가능하고 유지보수가 용이한 것 등을 특징으로 하고 있다. 객체지향프로그램에서 사용되는 용어는 다음과 같은 것들이 있다.

객체(object)

C언어의 변수나 함수에 해당하며, C++에서는 클래스에 의하여 생성된 변수, 즉, 인스턴스(instance)를 객체라고 한다.

클래스(class)

C언어의 자료형(data type)에 해당하며, C++에서는 데이터 구조(data struc-ture) 및 이 데이터 구조에 작용하는 함수를 정의하는 추상화된 자료형(abstract data type)을 뜻한다. C++ 클래스는 C언어의 구조체(struct)를 확장한 것이며, 사용자 정의에 의해서 클래스를 정의할 수 있고, 또한 다른 클래스를 이용하여 클래스를 정의할 수도 있다.

메소드(method)

특정한 클래스에 해당하는 객체를 수행하는 연산(operation)이나 함수(function)를 일컫는다.

메시지(message)

주어진 객체에 대해 연산을 수행하기 위해 그 객체에 메시지를 보내는데, 즉 객체끼리의 의미전달이 메시지를 통해서 이루어진다.

다형성(polymorphism)

하나의 연산자나 함수에 하나 이상의 의미를 부여하는 것이다. 그림을 그릴 때 원, 삼각형, 사각형 등의 다양한 도형을 그린다고 하자. 그림을 그리는 것은 모두가 동일한 동작이다. 따라서 형태만 다르게 정해주고 그림을 그리게 하면 단순하게 여러 다른 형태의 그림을 그릴 수 있게 된다. 이러한 경우에 상속을 받아 필요한 부분만 다르게 하면 그림을 그리는 도구 자체는 바꾸지 않아도 된다.

상속성(inheritance)

다른 새로운 클래스를 지정할 때 기존의 클래스의 멤버들을 인계받아 재사용하는 기능을 말한다.

캡슐화(encapsulation)

데이터 형들의 내적인 구현 항목과 객체들 상에서 작동할 수 있는 외적으로 가능한 연산들과 함수들을 함께 묶은 것을 말한다. 다시 말해서 내부의 내용들은 몰라도 기능을 알면 된다. 이 기능은 정보의 은닉을 가능하게 한다.

C++의 종류로는 Turbo C++, Borland C++, MS-C++, Visual C++, Wattcom C++, Quick C++, GNU C++, Xenix C++, UNIX C++, Symantec C++, Metrowerks CodeWarrior C++(Mac용) 등이 있다.

C++을 배우면 사용할 수 있는 곳이 많이 있다. 흔히들 C++을 배우면 어떤 것들을 만들 수 있는지 의문을 갖는 경우가 있는데 우리가 늘 접하는 MS-Office(MS-Word, MS-Excel, MS-Powerpoint) 프로그램은 C++을 이용해서 만든 대표적인 예라 할 수 있다. 그 외에도 인터넷 익스플로러, 넷스케이프와 같은 브라우저와 윈앰프, 리얼플레이어, 미디어플레이어와 같은 멀티미디어 플레이어도 C++을 이용하여 만들어진 응용프로그램들이다.

C 언어와 C++ 언어 사이의 기본적인 변화

〈헤더파일의 변화〉

표준입출력을 위해 프로그램 전처리에 포함돼야하는 헤더파일은 C언어에서 〈stdio.h〉이고, C++에서는 〈iostream〉과 using namespace std;이다.

〈입력과 출력의 변화〉

다음은 입출력 관계를 살펴본다. 좌측의 박스가 C언어이고 우측박스가 C++이다.

– 출력의 변화

C	C++

#include 〈stdio.h〉
void main()
{
  printf("test program");
  printf("\n");
  printf("a=%d \n", 10);
}
	#include 〈iostream〉
	using namespace std;
	void main()
	{
	  cout 〈〈"test program" ;
	  cout 〈〈 "\n";
	  cout〈〈"a="〈〈10 〈〈"\n";
	}

◆ 실행결과

```
test program
10
```

설명 좌우 동일한 결과를 보인다. C언어에서는 printf함수를 사용하여야 하며 지정자 %d(정수의 경우)를 일일이 지정해 주어야 되었으나 C++에서는 방향표시 《 연산자 기호만으로 출력을 할 수 있다.

– 입력의 변화

#include 〈stdio.h〉
void main()
{
int a;
printf("Input a:);
scanf("%d",&a);
printf("a=%d \n", a);
}
	#include 〈iostream〉
	using namespace std;
	void main()
	{
	int a;
	cout 《 "Input a:" ;
	cin 》 a ;
	cout《"a="《 a 《"\n";
	}

◆ 실행결과

Input a: 10
a=10

설명 좌우 동일한 결과를 보인다. C언어에서는 scanf함수를 사용하여야 하며 지정자 %d(정수의 경우)를 일일이 지정해 주어야 되었으나 C++에서는 방향표시 》 연산자 기호만으로 입력을 할 수 있다.

〈주석 형식의 변화〉

C언어에서 /*와 */ 사이의 내용은 컴파일러에 의하여 무시되어 주석(comment)으로 처리된다. 이것을 C-스타일 주석 방법이라고 하며, C++에서는 //를 사용하는 C++-스타일 주석 방법을 추가로 제공하고 있다. 즉, C++에서는 // 기호 이후부터 그 줄 끝까지의 내용도 주석으로 처리된다.

```
#include <iostream>
using namespace std;
void main()
{ // C++-style comment
  /* C-style comment */
  cout <<"Comment Test."<< "\n"  ;  // 주석 테스트
}
```

〈변수 선언의 변화〉

#include <stdio.h>
void main()
{
  int count;
  int x=10, y;
  printf("Input count:);
  scanf("%d",&count);
  y=x*count;
  printf("y=%d \n", y);
}
	#include <iostream>
	using namespace std;
	void main()
	{
	  cout << "Input count:" ;
	  int count;
	  cin >> count ;
	  int x=10, y;
	  y=x*count;
	  cout<<"y="<<y <<"\n";
	}

◆ 실행결과

```
Input count: 10
y=100
```

설명 좌우 동일한 결과를 보인다. C언어에서는 count, x, y를 선언하고 그 다음에 표준함수나 사용자정의 함수 등이 올 수 있다. 그러나 C++에서는 어느 곳에서 선언하든 상관이 없다. 즉 변수를 사용하고자 하는 곳에서 선언하고 사용하면 된다. 이것이 C언어에 비하여 C++의 편리한 점 중에 하나라 하겠다.

다음은 C++ 프로그램을 작성하여 실행시키는 과정을 다이어그램으로 나타낸다. 먼저, 다음 절에서 설명할 Visual Studio와 같은 편집기를 사용하여, 헤더(header) 및 소스(source) 파일을 작성한다. 컴파일러에 내장되어 있는 헤더 파일을 사용할 경우에

는 헤더 파일을 별도로 만들 필요가 없다. 다음으로 전처리기를 통하여 헤더 파일과 소스 파일을 결합한 후, 컴파일(compile) 과정을 거쳐서 목적파일(object file)을 생성한다. 목적파일은 컴퓨터가 인식하도록 0과 1로 구성된 이진파일(binary file)이다. 이어서, 외부의 시스템을 이용할 경우에, 필요한 목적파일과 라이브러리를 결합하는 링크(link) 과정을 거치면 디버그 및 배포 버전의 실행파일(executable file)이 만들어진다.

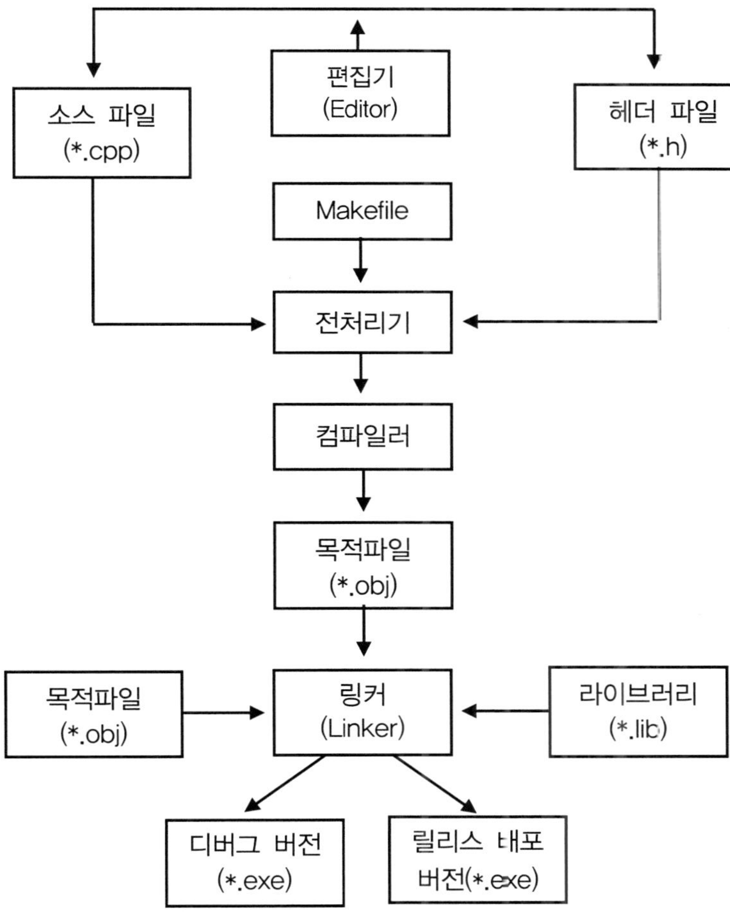

그림 1.2 C++ 프로그램의 작성 및 실행 절차

1.2 Visual Studio의 기동

Visual Studio는 C++ 프로그램을 편집, 컴파일, 실행할 수 있는 개발 도구이다. 학습용으로 Visual Studio Express 2013 버전이 마이크로소프트 웹사이트(http://www.visualstudio.com)에서 무료로 제공되고 있다. 여기서는 Visual Studio Professional 2012를 바탕으로 설명한다.

우선 Visual Studio를 기동시키기 위해서 그림 1.3과 같이 [시작] – [모든 프로그램] – [Microsoft Visual Studio 2012] – [Visual Studio 2012]을 차례대로 선택한다.

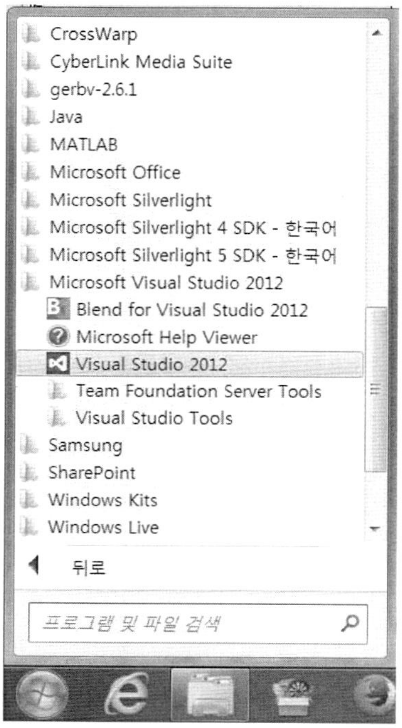

그림 1.3 Microsoft Visual Studio 열기

이와 같이 Visual Studio를 기동시키면 그림 1.4와 같은 초기 화면이 나타난다.

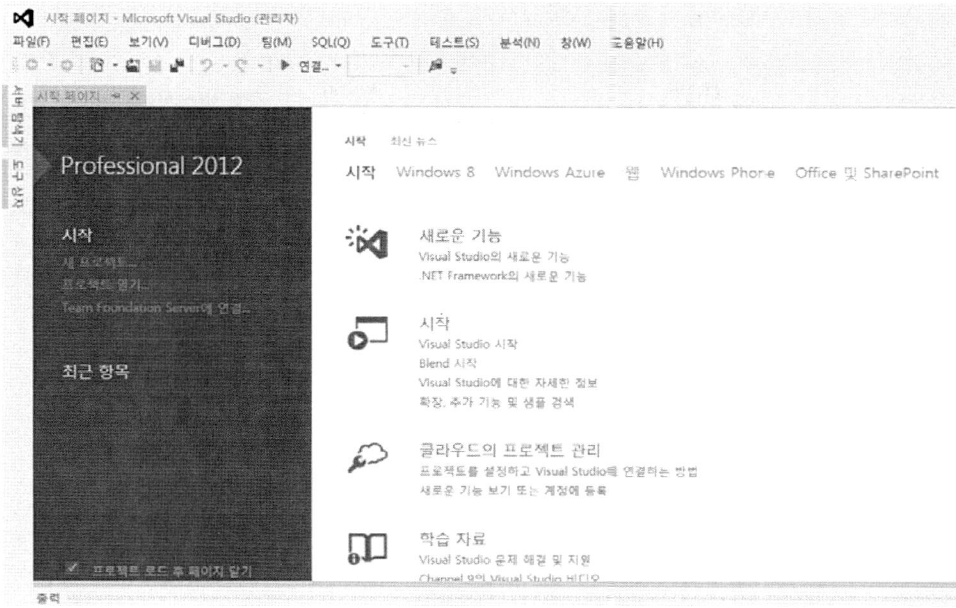

그림 1.4 Visual Studio 2012의 초기 화면

프로그램을 새로 작성하기 위해서는 주 메뉴에 있는 [파일]-[새로만들기]-[프로젝트]를 차례대로 선택한다. 이렇게 하면 그림 1.5에 보인 프로젝트 생성 화면이 열리는데, 여기에서 Visual C++ 템플릿의 "Win32 콘솔 응용 프로그램"을 선택한다. ConsoleApplication1이라는 프로젝트 이름이 자동으로 생성되는 데 수정도 가능하다. 여기에서는 이것을 그대로 사용하도록 하고 확인 버턴을 누른다. 그러면 그림 1.6과 같은 Win32 응용 프로그램 마법사 시작 화면이 나타나며, 이어서 다음 버턴을 누르면 그림 1.7에 보인 응용 프로그램 설정화면을 볼 수 있다. 여기에서 "콘솔 응용 프로그램"과 "빈 프로젝트"를 선택한다.

- 응용 프로그램 종류: 콘솔 응용 프로그램(O)
- 추가 옵션: 빈 프로젝트(E)

이어서 하단의 마침 버턴을 누르면 그림 1.8과 같은 프로젝트 관리자 화면이 생성된다. 이 프로젝트 관리자 화면에서 Visual C++ 프로그램의 편집과 실행이 이루어진다.

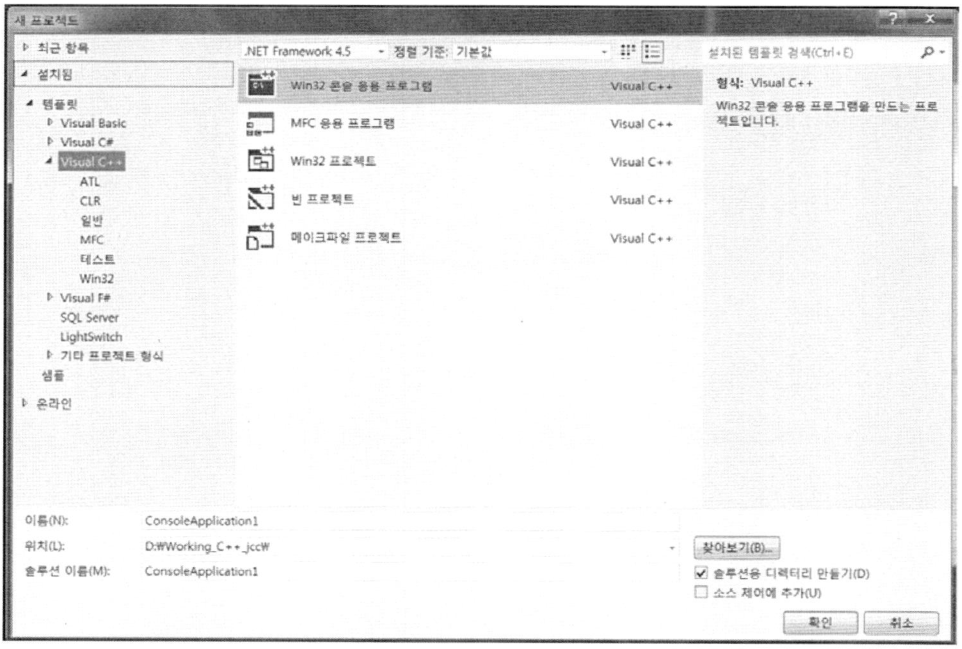

그림 1.5 프로젝트 생성 화면

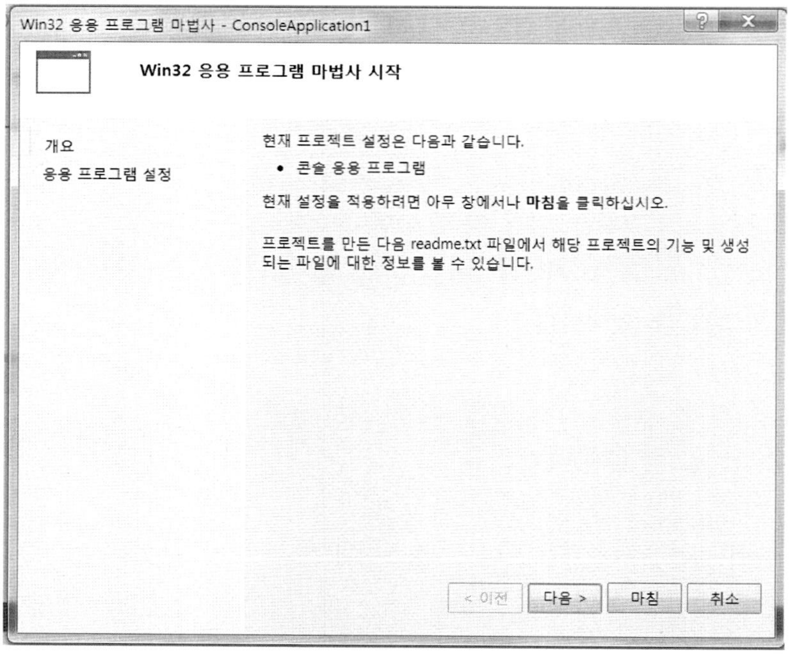

그림 1.6 Win32 응용 프로그램 마법사

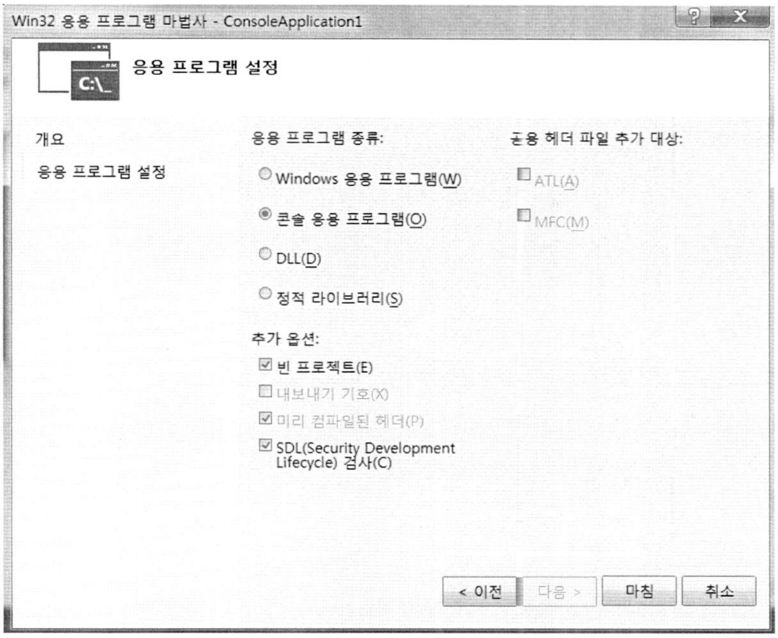

그림 1.7 응용 프로그램 설정

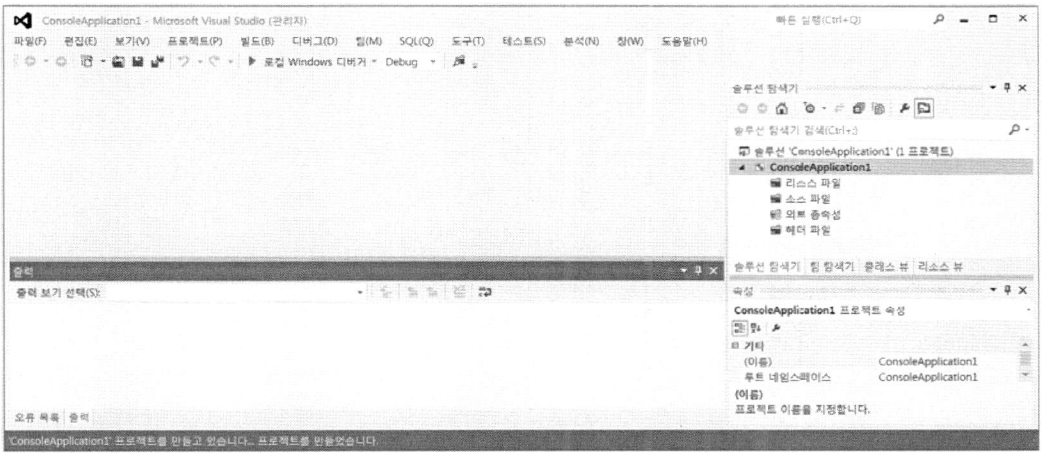

그림 1.8 프로젝트 관리자 화면

1.3 프로그램의 편집 및 저장

프로그램 작성은 프로젝트에 파일을 추가하는 것에서 시작하며, 그림 1.8에 보인 프로젝트 관리자 화면의 솔루션 탐색기를 활용한다. 이를 위해서 Console Application1 솔루션 아래의 소스 파일 폴더에서 마우스 오른쪽 버턴을 눌러서 [추가]-[새항목]을 선택한다. 그러면 그림 1.10과 같이 파일의 이름과 위치를 지정할 수 있는 화면이 나타난다. "소스.cpp"라는 이름이 자동으로 부여되는데 여기에서는 "test.cpp"라는 파일명을 사용하도록 한다. 여기서 주의할 점은 파일 확장자로서, Visual C++ 소스는 .cpp를, C 소스는 .c의 확장자를 사용하여야 한다.

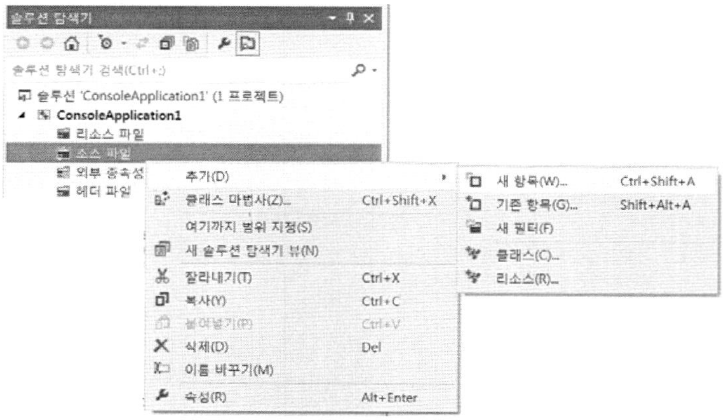

그림 1.9 소스 파일 추가를 위한 새 항목 선택메뉴

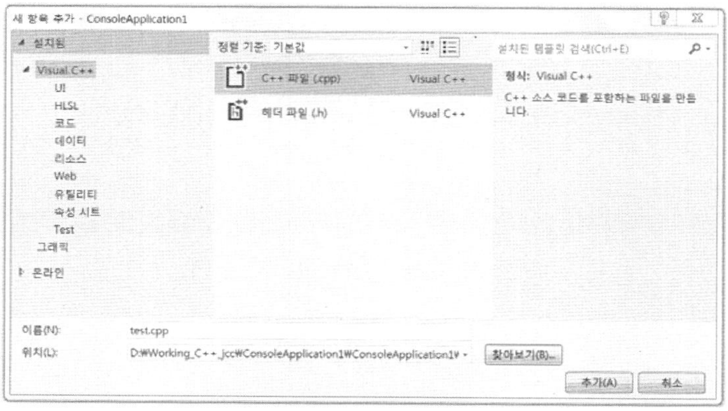

그림 1.10 소스파일 이름 및 위치 지정메뉴

그림 1.10에서 [추가] 버튼을 누르면 그림 1.11과 같이 test.cpp라고 하는 파일명이 제목 표시줄에 표시된 편집화면이 나타난다.

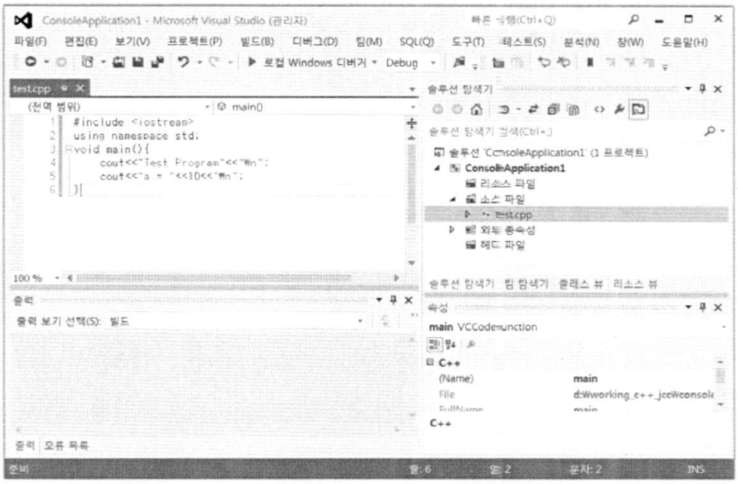

그림 1.11 프로그램 편집 창

이 편집 창에서 일반적인 편집기에서와 같이 프로그램을 작성하면 된다. 이러한 Visual Studio 편집 창에서는 include 혹은 int 등과 같은 지정자를 다양한 색상으로 표시하여 알기 쉽게 해준다. 간단한 테스트 프로그램 작성 결과를 그림 1.11에 보였다. Visual Studio 편집기에서 줄 번호를 나타내기 위해서는 [도구]-[옵션]-[텍스트 편집기]-[모든 언어]-[줄 번호]를 체크한다. 프로그램의 편집을 완료하면 일단 저장을 해야 하는데 저장하기 위해서는 [파일]-[test.cpp 저장]을 실행하면 된다.

1.4 프로그램 컴파일 및 실행

프로그램의 실행 파일을 만들기 위해서는 컴파일(compile)과 링크(link)를 수행하여야 한다. Visual Studio에서는 그림 1.12에 보인 것과 같이 [빌드] - [솔루션 빌드] 메뉴를 통하여 이 두 과정을 동시에 처리한다. 솔루션 빌드가 이루어지면 해당 프로젝트 디렉토리 아래의 Release 폴더 속에 실행파일이 생성된다.

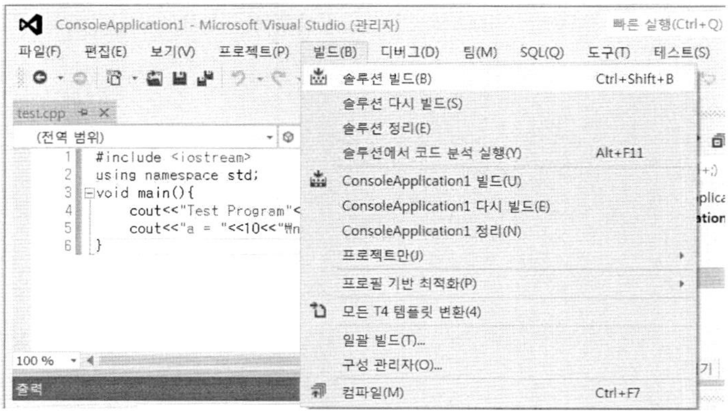

그림 1.12 솔루션 빌드 메뉴

실행 파일의 실행결과를 확인하기 위해서는 그림 1.13과 같이 [디버그]-[디버깅하지 않고 시작] 메뉴를 클릭하면 된다. 단축 키 Ctrl+F5를 사용하여도 되며, 그림 1.14에 테스트 프로그램의 실행결과를 보였다.

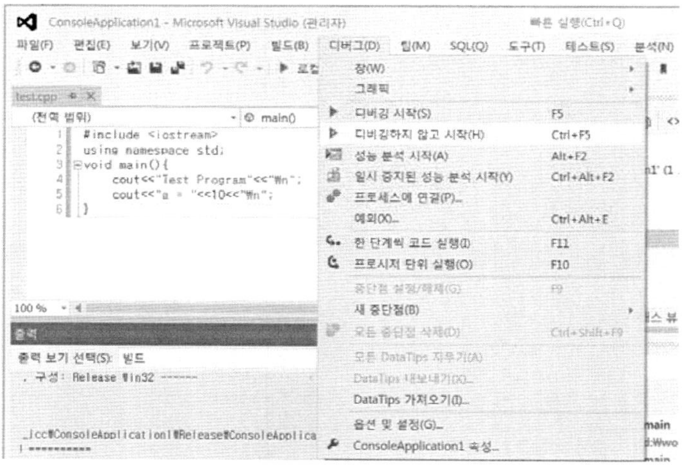

그림 1.13 실행결과 확인을 위한 디버그 메뉴

그림 1.14 실행결과 화면

1.5 순환문

순환문(Looping)은 반복적으로 문장을 수행하고자 할 때 사용하며 프로그램을 작성함에 있어 핵심이 되는 내용이다. 순환문에는 초기에 사용하던 while 순환문 외에, do while 순환문, for 순환문이 있다.

1.5.1 while 순환문

while문은 조건식을 판단하여 참(true)인 경우 조건식이 거짓(false)일 때까지 종속 문장을 반복해서 실행한다.

```
while( n < 5 )          // 조건문
  {
     n++ ;              // 증감
     cout << n ;
   };
```

while문 내의 조건식이 상수 1인 경우는 항상 참이다. 따라서 무한 루프가 되어 프로그램이 종료되지 않는다. 이 경우에 반복실행을 강제적으로 중단시키기 위해서는 break문을 사용한다. 무한 반복 while문의 사용형식은 다음과 같다.

```
while(1)          // 항상 참
 {
  if( n > 5) break;
  n++;
 }
```

프로그램 1-1 1에서 5까지 더하기

```
#include <iostream>
using namespace std;
void main()
{
```

```
    int n=1, sum=0;

    while (n<=5)
      {
        sum += n;
        n++;
      }
    cout<<"sum= "<<sum<<"\n";
}
```

◆ 실행결과

```
sum= 15
```

설명 초기치 n=1은 조건식(n<=5)을 만족하므로 종속문장인 sum += n;와 n++;를 실행한다. n이 증가한 다음 조건식을 판단하면 참이므로 반복 실행하여, n이 6이 되면 조건식이 만족되지 않으므로 while문에서 빠져 나온다. 주의해야 될 것은 sum=0으로 반드시 초기화시켜주어야 된다. 초기화하지 않으면 원래 들어 있던 미지의 값이 보태져서 원하지 않는 큰 값을 가지게 된다.

1.5.2 do while 순환문

do-while문은 while문과 하는 일은 같으나, while문에서는 조건식을 먼저 평가하는데 비하여 do-while문은 do 다음의 종속문장을 먼저 수행하고 나서 조건식을 판단하는 점이 다를 뿐이다.

```
do
 {
   n++;            // 증감
   cout << n;
 }
while( n < 5 );    // 조건문
```

프로그램 1-2 1에서 3까지 곱하기

```
#include <iostream>
using namespace std;
void main()
{
    int n=0, gop=1;
    do
      {
        n++;
        gop *= n;
      }
    while( n < 3 );
    cout<<"gop= "<<gop<<endl;
}
```

◆ 실행결과

```
gop = 6
```

설명 do-while문에서는 do 다음의 종속문장인 n++;와 gop*=n;가 먼저 실행된다. 앞에서의 증감식의 연산결과인 n=2로서 조건식을 평가하면 참이 되므로 반복해서 문장을 수행하게 된다. 이와 같은 과정을 반복해서 수행하다 n=3이 되면 판단문이 거짓이 되어 do while문을 빠져 나와 gop 변수의 최종결과가 출력된다. 마지막 문장에서 사용된 endl은 "end line"을 나타내며, "\n"과 동일하다.

1.5.3 for 순환문

for문은 조건식의 값을 평가하여 참이면 계속 반복 실행하고 조건식(n<5)이 거짓이면 for문을 빠져 나온다. for문의 사용형식은 아래와 같다.

```
for ( n=0;  n<5; n++ ) // 초기값, 조건문, 증감
  {
    cout << n ;
  }
```

여기서 n=0 부분이 초기값을 정해주는 곳이고, n<5가 조건문, n++이 증감부분이다. 초기값은 처음에만 정해주고 그 다음부터는 증감에 따라 조건문을 판단하며 조건이 참이 동안에 중괄호 { } 내의 문장을 반복 수행하게 된다.

프로그램 1-3 for문을 이용한 숫자(1~5)의 합

```
#include <iostream>
using namespace std;
void main()
{
     int sum=0;
     for (int i=1; i<=5; i++)          // ①
     sum += i;                         // ②
     cout<<"sum="<<sum<<endl;
}
```

◆ 실행결과

```
sum= 15
```

설명 ① i=1로 초기치가 주어지므로 조건식(i<=5)을 만족한다. 따라서 종속문장 ② sum=sum+i;가 수행되고 난 후 증감식(i++)에 의해 i=2로 증가하게 된다. 이때 i값도 조건식을 만족하게 되므로 반복 수행되어 i값이 6이 되면 for문이 종료된다.

1.5.4 분기 제어문

(1) break

break는 while 순환문과 같은 순환문의 루프 내에서 프로그램을 실행시키다 강제적으로 루프로부터 벗어나도록 하는 제어문이다.

프로그램 1-4

```
#include <iostream>
using namespace std;
int main ()
  {
   int count = 0;
   while(1)
     {
        cout << "count: "<<count<< endl;
        count++;
        if(count > 5) break;
      }
   return 0;
}
```

◆ 실행결과

```
count: 0
count: 1
count: 2
count: 3
count: 4
```

설명 count가 0에서 count++에 올 때마다 1씩 증가하여 5가 되면 if문을 만족하지 않으므로 break문을 수행하여 while 순환문을 빠져나오게 된다.

(2) continue

루프 내에서 continue문을 만나면 그 이후에 문장은 실행되지 않고 그대로 넘어간다.

프로그램 1-5

```
#include <iostream>
using namespace std;
void main ()
```

```
{
  int n, count = 0;

  while(count < 5)
    {
        cout << "count: "<<count<< "은 ";
        count++;
        n = count % 2 ;

        if(count == 0)
            {
                cout <<"짝수임" << endl;
                continue;
            }
         cout<<"홀수임" << endl;
    }
}
```

◆ 실행결과

```
count: 0은 짝수임
count: 1은 홀수임
count: 2은 짝수임
count: 3은 홀수임
count: 4은 짝수임
```

설명 count가 0에서 count++에 올 때마다 1씩 증가하며 count %2를 만나면 나머지가 0이면 짝수, 1이면 홀수이다. 짝수이면 continue문을 만난다. 이때 continue문 이후는 실행되지 않고 while 판단문으로 돌아간다. count가 5가 되면 while 판단문이 조건을 만족하지 않으므로 순환문을 빠져나오게 된다.

---

(3) goto

goto문은 프로그램의 실행순서를 goto문 바로 다음에 나오는 레이블(label)이 있는 문장으로 무조건적으로 이동시킬 때 사용하는 제어문이다. 일반적으로 goto문은 루프가 여러 개 중첩되어 있는 경우, 한꺼번에 복수개의 루프를 벗어나고자 할 때 사용한다. goto문을 사용하게 되면 프로그램의 구조가 흐트러지기 우려가 있기 때문에 가급적이면 사용하지 않는 것이 바람직하다.

프로그램 1-6

```
#include <iostream>
using namespace std;
void main()
  {
      int n= 0;
loop: n++;

      cout << "n: "<<n <<endl;
      if( n < 4) goto loop;

      cout<<" final number n: " <<n<< endl;
  }
```

◆ 실행결과

```
n: 0
n: 1
n: 2
n: 3
final number n: 4
```

설명 n값이 0으로 초기화되어 n++에서 n값이 1 증가하며 if문에서 n값이 4이하이면 goto문에 따라 라벨 loop:로 점프하게 된다. n값이 4가되면 if문이 거짓(false)이 되어 최종 n값을 출력하고 프로그램이 종료하게 된다.

(4) exit

break를 사용하면 순환문 루프나 함수문을 벗어 나가버리지만 exit의 경우는 현재 실행중인 프로세스를 끝내고 운영체제로 그 제어 권한을 넘겨 버린다. 이 함수를 사용하기 위해서는 process.h의 헤더파일을 포함시켜야 된다.

프로그램 1-7

```
#include <iostream>
#include <process.h>
using namespace std;
int main()
  {
     int n= 0;

     while(1)
       {
          cout << "In loop " ;
          cout << n <<"\n";
          n++;
          if (n == 4) exit(0);
       }
       cout << n << "\n";
       return 0;
     }
```

◆ 실행결과

```
In loop 0
In loop 1
In loop 2
In loop 3
```

설명 while에서 1의 값은 참으로 무한 루프를 반복하게 된다. 그러나 if 문에서 n=4가 되면 참값으로 exit이 실행되게 된다. 따라서 루프 밖으로 나가지 못하고 프로그램을 종료시켜 버린다.

연습문제

01. C++의 특징인 캡슐화에 대하여 설명하라.

02. C++에서 정보 은폐를 하는 이유는 무엇인가?

03. 절차지향적 언어와 객체지향적 언어의 근본적인 차이점은 무엇인가?

04. 절차지향적 언어에는 어떤 것들이 있는지 종류를 들고 특징을 설명하라.

05. 객체지향적 언어에는 어떤 것들이 있는지 종류를 들고 그 특징을 설명하라.

06. C언어와 C++의 입출력 차이점을 설명하고 C++언어에서 C언어에서 사용하는 입출력문은 사용할 수 있는가?

07. C++을 사용하기 위해서 Visual C++을 사용할 대 콘솔프로그램을 사용하기 위한 순서를 써라.

08. continue문과 break문을 동시에 넣어서 1에서 30까지의 정수 중에 3의 배수만 골라 출력하는 프로그램을 작성하라.

09. goto문의 사용이 권장되지 않는 이유를 설명하라.

10. while문과 do while문의 차이점을 설명하라.

02

C++ 기본

2.1 C++ 입·출력문

2.1.1 표준 입·출력

표준 스트림 입출력 라이브러리는 정수, 실수(부동소수점), 문자열 등을 입출력하는 기능을 제공한다. 입출력에 있어서 기본클래스는 ios 클래스이다. 입출력을 담당하는 istream과 ostream 클래스는 ios에서 파생된다. istream 클래스와 ostream 클래스로부터 파생되는 iostream 클래스는 입력과 출력의 함수를 동시에 제공한다.

C++의 표준 입출력 스트림 객체인 cout, cin 등은 헤더파일 iostream의 std라는 네임스페이스(namespace, 이름공간) 안에 선언되어 있으므로, 표준 입출력은 using과 namespace를 사용하여 다음과 같은 형태로 사용된다.

```
#include 〈iostream〉
using namespace std;
void main()
    {
      ......
      ......
    }
```

cout과 함께 사용되는 출력연산자는 〈〈이며, cin과 함께 사용되는 입력연산자는 〉〉이다. 이러한 연산자는 비트연산에 있어서 왼쪽 또는 오른쪽으로 시프트 연산자로도 쓰이는 동시에 입출력 연산자로도 사용된다. 즉, C++언어는 연산자 중복을 허용한다. 다음과 같이 Hello C++이란 문자열을 모니터 화면에 출력 출력하기 위해서는 cout과 출력연산자를 다음과 같이 사용하면 된다.

```
cout 〈〈 "Hello C++ \n";
```

또 다른 출력의 예를 보면,

```
cout 〈〈 12.5;
cout 〈〈 10;
```

와 같은 경우에 12.5와 10을 출력한다.

키보드로부터 데이터를 읽어 들이기 위해서는 cin과 입력연산자 >>를 사용한다. 예를 들어 a라는 정수형을 선언하고

```
int a;
cin >> a;
```

과 같이 입력연산자를 사용한 경우 a라는 정수형 변수에 정수 값을 키보드로부터 읽어 들인다. 다음은 cout과 cin에 대한 프로그램 예를 보인다.

프로그램 2-1 출력 cout

```
#include <iostream>
using namespace std;
int main()
{
    int a=10;
    float b=2.5;
    char c='e';
    cout << a << "\n" << b << "\n" << c << "\n";
    return 0;
}
```

◆ 실행결과

```
10
2.5
e
```

다음은 키보드로부터 정수형 데이터를 입력하는 프로그램 예를 보인다.

프로그램 2-2 입력 cin

```
#include <iostream>
using namespace std;
int main()
```

```
{
    int a;
    cout << "a를 입력:";
    cin >> a;
    cout << "입력한 a는 "<< a << "이다\n" ;
    return 0;
}
```

◆ 실행결과

```
a를 입력: 10↵
입력한 a는 10이다
```

2.1.2 서식지정에 의한 입·출력

C++언어에서는 C언어에서 제공하는 표준입출력함수의 기능을 대신해서 멤버함수를 사용해서 지정된 서식에 의하여 입출력이 가능하다.

cout을 사용할 때에 편리한 것이 조작자로서 여러 가지 형식으로 표시하기도하고 변수의 표시방법을 바꾸고자 할 경우에 사용한다. 이 경우, 전처리문에 다음과 같은 헤더파일을 포함시켜야 주어야 된다.

```
#include <iomanip.h>
```

다음 표에는 자주 사용되는 조작자를 나타낸다. 각 조작자의 기능은 10진수, 8진수, 16진수 등의 진수 변환이라 하겠다.

표 2.1 조작자(manipulator)의 종류와 기능

조작자	기 능	내 용
dec	10진수로 변환하여 표시한다	cout << dec << 정수변수;
oct	8진수로 변환하여 표시한다	cout << oct << 정수변수;
hex	16진수로 변환하여 표시한다	cout << hex << 정수변수;
endl	행을 바꾼다 (end line)	cout << endl;
setw(int n)	자리수를 n개로 하여 출력	cout << setw(정수);

프로그램 2-3 진수변환 및 자릿수 설정

```
#include <iostream>
#include <iomanip.h>
using namespace std;
void main()
{
    int x=12;
    int y=1234;
    cout << "10진수:" << dec << x << endl;
    cout << "8진수:" << oct << x << endl;
    cout << "16진수:" << hex << x << endl;
    cout << endl;
    cout << "1234567890" << endl;
    cout << y << endl;
    cout << setw(10) << y << endl;
}
```

◆ 실행결과

```
10진수: 12
8진수: 14
16진수: c

1234567890
1234
      1234
```

설명
- 조작자 dec는 10진 정수형으로 출력된다.
- 조작자 oct는 8진 정수형으로 출력된다.
- 조작자 hex는 16진수로 변환하여 출력된다.
- 조작자 setw(10)은 자리수를 10자리로 설정하여 y값을 출력한다.

다음은 cout을 객체로 하는 멤버함수를 이용한 출력 형태를 나타낸다.

(1) 부동소수점의 배정도(precision) 길이 지정

```
cout.precison(3)
```

cout으로 실수형 숫자를 출력할 때 소수점 셋째 자리까지만 나타나게 하는 멤버함수이다. 다음은 그 사용 예를 보인다.

프로그램 2-4 배정도 길이 지정

```
#include <iostream>
using namespace std;
void main()
{
    float x=12.30;
    float y=10.0+2.0/3.0;
    cout << "x=" << x << endl;
    cout << "y=" << y << endl;

    cout.precision(4);                // 길이 4자리
    cout << "x=" << x << endl;
    cout << "y=" <<y << endl;
}
```

◆ 실행결과

```
x=12.3
y=10.6667
x=12.3
y=10.67
```

설명 기본적으로 제공되는 내정된 실수형은 소수점을 제외한 전체의 자리수로 6자리이다. 예제에서 precision으로 4자리를 지정했기 때문에 y=10.67로 나타나며, 끝에서는 반올림된다는 것을 알 수 있다.

(2) setf() 멤버함수를 이용한 출력

setf() 멤버함수는 여러 가지 형태의 출력 기능을 제공한다. ios클래스는 x_flag라고 하는 protected 멤버를 가지고 있으며, 이는 long 멤버 자료로서 숫자를 표현하는 데 사용된다. setf()멤버함수는 다음과 같은 두 가지의 prototype을 가진다.

```
Long setf(Long);              // 첫 번째 type
Long setf(Long, Long);        // 두 번째 type
```

첫 번째 type에 정의되어 있는 지정자들은 다음과 같다.

표 2.2 지정자별 기능

지정자	기 능
ios::showbase	기준접두어(0,0x) 사용
ios::uppercase	16진 출력을 위해 대문자 사용
iso::showpos	양수앞에 +부호 사용
ios::showpoint	소수점 뒤의 끝의 0을 나타낸다.

이들 지정자는 ios 클래스에 정의되어 있다. 위의 표에 나타낸 지정자 중에서 ios::showpoint를 알아보자. 보통 실수형 상수의 소수점 맨 뒤의 0은 cout만으로는 나타나지 않는다. 숫자를 표현할 때, 뒤에 0을 붙여서 자릿수를 맞춰줌으로써 보기 좋게 표현되기를 원할 경우에 사용된다. 이 경우에 다음과 같은 형식을 이용하면 된다.

```
cout.setf(ios::showpoint)
```

cout으로 실수형 숫자를 출력할 때 소수점 이하 제일 끝에 오는 0을 나타나게 하는 멤버함수이다. 다음은 그 사용 예를 보인다.

프로그램 2-5 소숫점 이하에 0을 나타낸다

```
#include <iostream>
using namespace std;
```

```
void main()
{
    float x=12.30;
    float y=10.0+2.0/3.0;

    cout.setf(ios::showpoint);        // 0을 표시
    cout << "x=" << x << endl;
    cout << "y=" << y << endl;

    cout.precision(4);
    cout << "x=" << x << endl;
    cout << "y=" <<y << endl;
}
```

◆ 실행결과

```
x=12.3000
y=10.6667
x=12.30
y=10.67
```

설명 x는 전체의 자리수로 6자리이므로 뒤에 0을 세 자리 나타냈다. 또한, 뒤의 x는 자릿수 지정으로 12.30으로 나타냈다.

프로그램 2-6 setf()멤버함수 예

```
#include <iostream>
using namespace std;
void main()
{
    int ion=30;
    cout << "the number of ion : ";
    cout.setf(ios::showpos);  // + 부호 사용
    cout << ion << endl;
    cout <<"16진수 사용 \n";
```

```
    cout << hex ;
    cout << ion << endl;
    cout.setf(ios::uppercase);
    cout << ion << endl;
    cout.setf(ios::showbase);
    cout << ion << endl;
}
```

◆ 실행결과

```
the number of ion : +30
16진수 사용
1e
1E
0X1E
```

설명 변수 ion의 부호를 +로 하기 위한 지정자가 showpos이며, 16진수 표시를 위한 지정자는 hex이고, 0x접두어를 붙이는 것이 showbase 지정자에서 이루어진다.

두 번째 type에 정의되어 있는 지정자들은 다음과 같다.

표 2.3 지정자별 기능

두 번째 인수	첫 번째 인수	기 능
ios::floatfield	ios::fixed	고정소수점 표기에 사용
ios::basefield	ios::dec	베이스를 10으로 사용
	ios::oct	베이스를 8로 사용
	ios::hex	베이스를 16으로 사용
ios::adjustfield	ios::scientific	과학적 표기
	ios::left	왼쪽 정렬
	ios::right	오른쪽 정렬
	ios::internal	내부 정렬

상기 표에 나타낸 여러 가지 지정자들의 기능을 알아보기 위한 프로그램을 다음에 나타낸다.

프로그램 2-7

```
#include <iostream>
using namespace std;
int main()
{
 int ion=0;
 cout << "자리 위치 지정\n";
 cout.setf(ios::showpos);   // + 부호 사용
 cout.setf(ios::right,ios::adjustfield);          // ①
 cout.setf(ios::showpoint);
   while(ion<3){
    cout.width(8);                              // ②
    cout << ++ion << endl;
    }
 cout << "──────────────────────\n";
 cout.setf(ios::left,ios::adjustfield);          // ③
 while(ion>0){
     cout.width(8);
         cout << ion-- << endl;
    }
 cout << "──────────────────────\n";
 cout.setf(ios::internal,ios::adjustfield);      // ④
 while(ion<3){
    cout.width(8);
    cout << ++ion << endl;
    }
 cout << "──────────────────────\n";
        return 0;
     }
```

◆ 실행결과

```
자리 위치 지정
          +1
          +2
          +3
--------------------
     __
+3
+2
+1
--------------------
     __
+         1
+         2
+         3
--------------------
     __
```

설명 ①은 오른쪽부터 값이 시작되고, ③은 왼쪽부터 값이 시작되며, ④는 내부에 기준이 되어 값이 시작된다. ②는 길이를 세팅하는 함수로서 같은 숫자들을 다른 필드(field)로 출력하기 위해서 사용하며 다음과 같은 형식을 취한다.

```
int width(int m);
```

여기서, m은 필드의 길이이며, width로 지정되면, 지정된 다음 항목부터 영향을 미친다.

멤버함수 getline()을 이용한 줄 단위 입력의 형태를 살펴보면 다음과 같다. 앞에서 우리는 cin만 가지고 문자열을 받아들일 경우에 스페이스(space)가 문장에 들어가면 스페이스 뒤의 문자열은 받아들이지 않는 것을 알았다. 즉, 한 단어만 입력할 수 있었다.

전체 문장을 받아들이기 위해서는 단어별 입력 방식이 아닌 줄단위의 입력 방식이 필요하며, 줄단위의 입력을 위해 보통 getline()멤버함수가 사용될 수 있으며, 사용형식은 다음과 같다.

```
char line[10];
cin.getline(line, 30);
```

여기서, line은 배열명이고, 30은 받아들일 수 있는 문자열의 길이이다.

프로그램 2-8

```
#include <iostream>
using namespace std;
void main()
{
    const int Length=30;
    char name[Length];
    char address[Length];

    cout << "이름은 :" ;
    cin.getline(name, Length);

    cout << "주소는 :";
    cin.getline(address,Length);

    cout << "나의 이름은  "<<name<<"입니다.\n";
    cout <<"그리고, "<<address<<"에 살고 있습니다.\n";
}
```

◆ 실행결과

```
이름은 :홍길동↵
주소는 :서울시 강남구↵
나의 이름은 홍길동입니다.
그리고, 서울시 강남구에 살고 있습니다.
```

설명 getline멤버함수를 써서 한 번에 한 줄을 모두 입력받는 것을 알 수 있다. name, address는 엔터키를 칠 때까지의 모든 문자가 입력된다.

2.2 함수의 중복

같은 이름의 함수가 한 프로그램 내에 여러 개 존재하는 것을 C언어에서는 허용하지 않았지만, C++에서는 허용한다. 함수명이 같은 함수를 사용하는 것을 함수의 중복 또는 함수 오버로딩(function overloading)이라고 한다.

함수의 중복은 인수의 개수나 자료형이 달라야 한다

프로그램 2-9 함수의 인수 자료형은 같으나 개수가 다른 경우

```
#include <iostream>
using namespace std;
int add(int a, int b)
{
      return(a+b);
}
int add(int a, int b, int c)
{
      return(a+b+c);
}
int main()
{
      cout<<"Sum : "<<add(10, 20)<<endl;
      cout<<"Sum : "<<add(10, 20, 30)<<endl;
   return 0;
}
```

◆ 실행결과

```
Sum : 30
Sum : 60
```

프로그램 2-10 함수의 인수 개수는 같으나 자료형이 다른 경우

```
#include <iostream>
using namespace std;
```

```
int area(int w, int h)
{
    return(w*h);
}
double area(double w, double h)
{
    return(w*h);
}
int main()
{
    cout<<"넓이 : "<<area(3, 5)<<endl;
    cout<<"넓이 : "<<area(2.0, 3.0)<<endl;
    return 0;
}
```

◆ 실행결과

```
넓이 : 15
넓이 : 6.0
```

프로그램 2-11 반환형만 달라 함수 중복이 불가능 경우

```
#include <iostream>
using namespace std;
 int sun( ){
    int r=10;
    return r;
 }
 float sun( ){
    int r=10.0;
    return r;
 }
 int main()
 {
    cout << sun();
    return 0;
```

```
}
```

설명 이 프로그램은 main()에서 sun()함수가 어느 함수로 가야할지 명확하지 않다. 따라서 컴파일 에러가 발생한다. 물론 이러한 프로그램은 중복 불가능한 예를 보이기 위한 것이지 실제적으로 사용할 필요는 없을 것이다.

2.3 인라인 함수

인라인 함수(inline function)는 일반 함수와는 다르게 프로그램이 컴파일 되면서 호출된 함수의 소스코드 자체가 삽입되는 특징을 갖는다.

사용 형식은 함수명 앞에 inline 예약어만 붙이면 된다.

```
inline  리턴형 함수명( )
        {
              ..............
        }
```

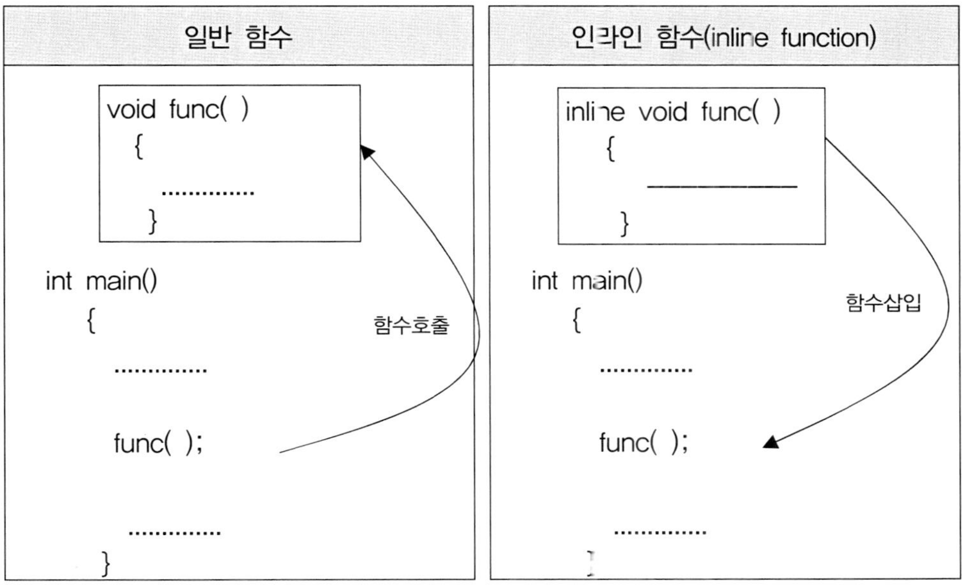

인라인함수의 기능은 매크로와 같은 성질로서 전처리기인 #define을 사용한 매크로 함수를 만들어 비교해 볼 수 있다. 즉,

```
#define Max(x, y)  ( x〉y? x: y )
```

컴파일시 아래 두 예는 main() 함수에 삽입되어 수행된다.

define 매크로 예

```
#include 〈iostream〉
using namespace std;

#define Max(x, y)  (x〉y? x: y)

void main( )
   {
      cout 〈〈 Max(2, 3)〈〈endl;
   }
```

inline 함수 예

```
#include 〈iostream〉
using namespace std;

inline int Max(int x, int y)
  {
    return (x〉y) ? x: y;
   }

void main( )
   {
      cout 〈〈 Max(2, 3)〈〈endl;
    }
```

실행 결과는 물론 두 예 모두 3을 출력한다.

이러한 매크로 함수는 컴파일시에 그 자체가 그대로 삽입되어 실행되므로 일반 함수에 비하여 처리속도가 빠르다. 즉, 일반 함수는 함수 호출을 위해서 프로그램 카운터를 스택에 저장했다 다시 찾아오는 과정을 통해 매크로에 비해 수행속도가 느리다.

C++에서는 이러한 매크로의 장점을 살려 일반 함수를 간단히 inline 키워드를 함수 앞에 사용하여 함수를 inline화 한다. 물론 inline 함수도 매크로와 마찬가지로 함수의 크기가 작은 경우에 효과적이며, 함수가 길어지면 효과적이지 못하다.

다음 예제는 inline 함수를 이용하여 큰 수를 고르는 프로그램으로 if문을 사용하고 두 수를 키보드로부터 읽어 들이는 예이다.

프로그램 2-12 함수의 큰 수 고르기

```
#include <iostream>
using namespace std;
inline int Max(int x, int y)
    {
        if ( x>y) return x;
        else return y;
    }
int main(){
        int x, y;
        cin >> x >> y;
        cout << Max(x, y) << endl;
        return 0;
    }
```

◆ 실행결과

```
10 20
20
```

설명 #define을 사용하지 않고도 일반 함수를 사용하여 inline 키워드에 의해서 사용가능하다.

2.4 지역변수와 전역변수

2.4.1 지역변수(Local Variable)

지역변수는 함수 내에서 정의된 변수를 의미한다. main()함수와 사용자정의함수가 있다고 할 때 main()함수 내에서 사용한 변수는 사용자정의함수 내에서 같은 문자의 변수라도 전혀 다른 변수로 인식하게 된다. 또한 함수의 인수를 통해서 전달된 매개변수들도 지역변수로 생각할 수 있다.

프로그램 2-13 지역변수와 매개변수

```
#include <iostream>
using namespace std;
 void ChangeValue(int x, int y)
    {
     int z;
     if ( x>y) x *=10;
         else  y *=10;
         z = x+y;
         cout<< "x="<<x <<"\t y="
         << y <<"\t z="<< z << endl;
       }
  int main(){
     int x, y;
     cin >> x >> y;
       ChangeValue(x, y);
       cout << "x="<<x <<"\t y=" << y << endl;
       return 0;
     }
```

◆ 실행결과

```
10 20
x=10   y=200   z=210
x=10   y=20
```

설명 main()에서 정의한 변수 x, y는 매개변수를 통해서 ChangeValue()를 호출하게 된다. 이때 x, y는 main()에서 사용한 변수는 ChangeValue()의 매개변수 x, y와 전혀 다른 변수로 보면 된다. 따라서 ChangeValue()함수 내에서 x와 y값이 변경되더라도 main()에서는 원래 입력한 값 x, y값이 출력되게 된다.

다음은 지역변수의 다른 예를 살펴본다. 이 경우는 같은 함수 내에서 정의된 변수라 할지라도 중괄호 { }로 묶은 내에서는 지역변수로 작용한다. 그러한 예를 다음 예에서 보인다.

프로그램 2-14 main()함수 내에서의 지역변수

```
#include <iostream>
using namespace std;
int main()
   {
        int a=10 ;
        float b=12.5;
        cout << "Variable a and b in main \n";
        cout << "a="<< a << "\t b=" << b << "\n";
        {          // ①
            cout <<"Local variable in Block."<< "\n";
            int a=7 ;
            float b=22.2;
            cout << "a="<< a << "\t b=" << b << "\n";
        }        //②
        cout << "Out of main, Variables \n";
        cout << "a="<< a << "\t b=" << b << "\n";
        return 0;
   }
```

◆ 실행결과

```
Variable a and b in main
a=10   b=12.5
Local variable in Block.
a=7   b=22.2
Out of main, Variables
a=10   b=12.5
```

설명 main()에서 정의한 변수 a, b는 각각 10과 12.5이다. 그러나 ①과 ②사이에서의 변수는 다시 a, b 각각 7과 22.2로 바뀌었다. 중괄호가 끝나는 지점 ②이후에는 다시 원래의 값 10과 12.5로 되돌아간다. 이 경우의 중괄호 내의 값은 main함수 내에서 지역변수가 된다.

2.4.2 전역변수(Global Variable)

전역변수는 main() 및 일반 함수의 외부에 선언된 변수를 말하며, main()을 포함하여 모든 함수에서 공동으로 참조할 수 있다. 주로 main() 함수를 선언하기 이전에 선언한다.

전역변수가 어떤 함수 내에 다시 선언되면 그 함수 내에서는 지역변수로 작용한다. 이 경우에 전역변수를 참조하기 위해서는 영역해결 연산자(::, scope resolution operator)를 변수명 앞에 붙여 주면 된다. 즉, 변수 앞에 붙은 :: 연산자는 전역지정의 의미를 갖는다.

프로그램 2-15 전역변수

```
#include <iostream>
using namespace std;
void sum();
int a = 10, b = 20;  // 전역변수
int main()
{
      int a=100;         // 지역변수
      int y, z;
      y = a + b;
      z= ::a + b;
      cout << "y = (Local a)+(Global b) = " << y << "\n";
      cout << "z = (Global ::a)+(Global b) = " << z << "\n";
      ::a = 1000;        // 전역변수
      b = 2000;          // 전역변수
      sum();
      return 0;
}

void sum()
{
      cout << "함수 sum( ): (Global a)+(Global b) =  "
      cout << a + b << "\n";
}
```

◆ 실행결과

```
y = (Local a)+(Global b) = 120
z = (Global ::a)+(Global b) = 30
함수 sum( ): (Global a)+(Global b) = 3000
```

설명 main() 선언 앞에서 a, b가 전역변수로 선언되었다. main() 함수에서, 변수 a는 다시 선언되었으므로 지역변수이며, 변수 b는 계속 전역변수이다. sum() 함수에서는 a, b 모두 전역변수이다. main()에서 전역변수 a를 참조하기 위해서는 ::a와 같이 영역해결 연산자(::)를 사용하면 된다.

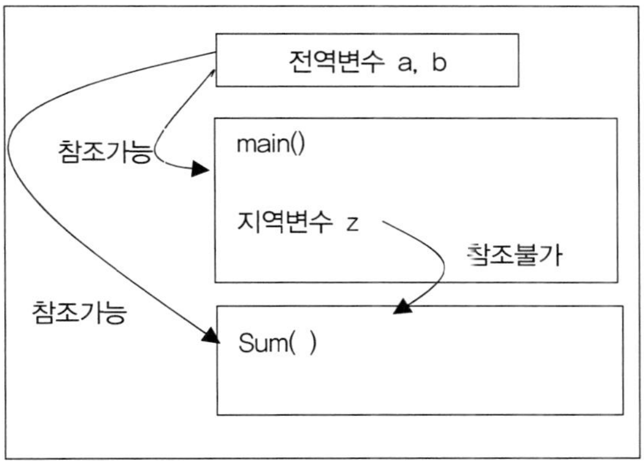

2.5 레퍼런스

레퍼런스(Reference) 유형은 주소값을 갖는 자료형으로 레퍼런스 정의는 다음과 같이 레퍼런스 연산자 '&' 기호를 사용하여 정의한다. 그리고 반드시 레퍼런스 정의 과정에서 초기화가 이루어져야 하며, 상수포인터로 취급된다.

```
int a = 20 ;
int &aa = a ;
```

이와 같이 변수 a가 먼저 선언되어 있어야 하며, aa와 a는 동일한 기억 장소를 가리킨다.

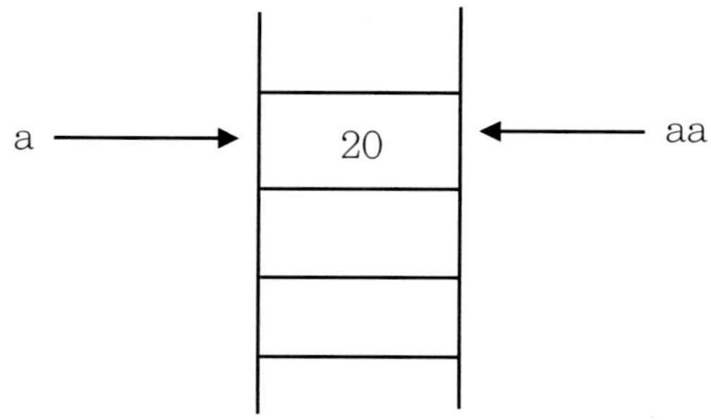

다음 프로그램은 레퍼런스를 사용한 프로그램의 예이다.

프로그램 2-16

```
#include <iostream>
using namespace std;
int main ()
{
    int a = 20;
    int &aa = a;
    cout << "a=" <<a<< " " << "aa="<<aa<< endl;
    cout << a << "-> " << &a << endl;
    cout << aa << "-> " << &aa << endl;
    return 0;
}
```

◆ 실행결과

```
a=20  aa=20
20-> 0x0012ff7c
20-> 0x0012ff7c
```

설명 a와 aa는 같은 기억 장소를 가리킨다. 따라서 첫 번째 출력문에 의하여 20의 값이 두 번 출력된다. a와 aa의 주소를 출력하면 0x0012ff7c라는 동일한 주소값이 출력이 되어, a와 aa가 동일한 기억 장소를 가리킴을 확인할 수 있다. 단, 주소는 컴퓨터에 따라 다를 수 있으므로 동일한 값만 확인하면 된다.

레퍼런스는 초기화를 해야 되는데 다음과 같은 경우를 주의해야 된다. 다음은 초기화가 가능한 경우와 불가능한 경우에 대하여 예를 들어 본다.

우선 다음과 같은 경우는 불가능한 경우이다. 즉

```
int &temp = int ;    // Error 발생
```

상기와 같은 방식으로 초기화하지 말고 다음과 같은 특정한 정수에 대하여 초기화가 이루어져야 된다.

```
int num = 10;
int& signal = num;
```

또한 다음과 같은 방식으로 초기화할 수 없다. 즉

```
Student & Hong = Student;  // Error 발생
```

int의 경우와 마찬가지로 특정한 객체로 초기화하여야 한다.

```
Student Minju;
Student & Hong = Minju;
```

다음 프로그램은 객체에 대한 레퍼런스의 초기화를 나타내는 예이다.

프로그램 2-17

```
#include <iostream>
using namespace std;

class Animal
{
  public:
        Animal(int age=3, int weight=10)
            : itsAge(age), itsWeight(weight)
        {cout<<"Animal Constructor. \n";}
```

```
        virtual ~Animal() {cout<<"Animal Destructor. \n";}
        int GetAge() {return itsAge;}
        int GetWeight() {return itsWeight;}

    private:
        int itsAge;
        int itsWeight;
};

int main()
{
    Animal Horse(7,200);
    Animal & Cow = Horse;

    cout<<"Horse's Age: "<<Horse.GetAge()<<endl;
    cout<<"Cow's Weight: "<<Cow.GetWeight()<<endl;

    Animal Dog;
    Animal & Cat = Dog;

    cout<<"Cat's Age: "<<Cat.GetAge()<<endl;
    cout<<"Dog's Weight: "<<Dog.GetWeight()<<endl;
    return 0;
}
```

◆ 실행결과

```
Animal Constructor.
Horse's Age: 7
Cow's Weight: 200
Animal Constructor.
Cat's Age: 3
Dog's Weight: 10
Animal Destructor.
Animal Destructor.
```

설명 생성자 Animal(int age=3, int weight=10)에서 age=3, weight=10은 디폴트 값을 명시해 준 것이다. main()함수에서 객체를 생성할 때 값을 지정해 주지 않으면 이 값이 itsAge와 itsWeight에 초기화된다. 그러므로 객체 Horse(7, 200)은 itsAge=7, itsWeight=200으로 초기화가 이루어진 반면, 생성된 객체 Dog에서는 itsAge=3, itsWeigth=10으로 초기화가 이루어졌다. main()에서 Animal & Cow= Horse;와 같이 특정한 객체를 참조자로 지정하므로 초기화가 Cow 객체에 이루어지는 것을 알 수 있다.

C언어에서 포인터의 기능을 설명할 때, swap()이라는 함수를 만들어 두 값을 바꾸고자 할 때, swap() 함수의 인수로 일반 변수를 사용하면 값을 바꿀 수 없으나, 포인터를 사용하면 값을 바꿀 수 있는 경우를 설명하곤 한다.

C++에서 레퍼런스는 이러한 포인터의 기능을 갖는데, 흔히 인수로 변수를 사용하면 call by value라 하고, 포인터를 사용하면 call by pointer라 하며, 레퍼런스를 사용하면 call by reference라고 말한다. 여기서는 call by value를 예로 들어서 데이터가 교환되지 않음을 확인한다. 그리고 데이터를 교환하기 위해서 call by pointer와 call by reference를 사용하여 데이터가 교환되는 것을 확인하게 된다. 다음의 예는 우선 데이터가 교환되지 않는 call by value를 예로 들고자 한다.

프로그램 2-18 call by value의 예

```
#include <iostream>
using namespace std;
void swap(int x, int y)
   {
       int temp;
       temp= x;
       x= y;
       y= temp;
    }
int main ()
{
    int a=100;
    int b=500;
    cout << "교환 전: "<< "a="<<a<<" "<<"b="<<b<<endl;
```

```
    swap(a, b);
    cout << "교환 후: "<< "a="<<a<<" "<<"b="<<b<<endl;
    return 0;
}
```

◆ 실행결과

```
교환 전: a=100   b=500
교환 후: a=100   b=500
```

설명 데이터가 교환 전과 교환 후에 동일하다. 즉 데이터가 교환되지 못하였다. 즉, swap()함수에 있어서 데이터를 넘겨주는 역할만 하였다. 사용자 정의함수인 swap(int x, int y)에서 x는 main() 함수에서 호출한 swap(a, b)함수의 a 값을 받고, y는 b값을 전달받게 되며 temp 변수를 이용하여 x값과 y값을 바꾸어 보지만 main()함수에서는 swap()함수를 호출하고 난 이후에 원래의 값 a, b값을 그대로 유지하게 된다. 따라서 main()함수와 swap()함수는 지역변수의 역할을 충실할 뿐 우리가 의도하는 대로 값을 서로 바꿀 수 없다는 것을 알 수 있다.

상기의 예제에서와 같이 call by value로는 바꾸기 어렵기 때문에 C언어에서는 주로 포인터(*)를 이용한 call by pointer를 이용하여 swap()함수를 이용한 데이터의 변경을 실행하였다.

다음 프로그램은 call by pointer를 사용하여 데이터를 바꾸는 예를 보인다.

프로그램 2-19 call by pointer의 예

```
#include <iostream>
using namespace std;
void swap(int *x, int *y)
   {
      int temp;
      temp= *x;
      *x= *y;
      *y= temp;
   }
```

```
int main ()
{
    int a=100;
    int b=500;
    cout << "교환 전: "<< "a="<<a<<" "<<"b="<<b<<endl
    swap(&a, &b);
    cout << "교환 후: "<< "a="<<a<<" "<<"b="<<b<<endl
    return 0;
 }
```

◆ 실행결과

```
교환 전: a=100  b=500
교환 후: a=500  b=100
```

다음은 상기의 예제에서 보인 call by pointer를 사용하여 데이터를 교환하는 대신에 C에서는 정의되지 않았던, 즉 C++의 특징이라 할 수 있는 call by reference를 사용하여 데이터를 교환하는 예를 나타낸다.

프로그램 2-20 call by reference의 예

```
#include <iostream>
using namespace std;
void swap(int &x, int &y)
    {
        int temp;
        temp= x;
        x= y;
        y= temp;
     }
int main ()
{
    int a=100;
    int b=500;
    cout << "교환 전: "<< "a="<<a<<" "<<"b="<<b<<endl;
```

```
    swap(a, b);
    cout << "교환 후: "<< "a="<<a<<" "<<"b="<<b<<endl;
    return 0;
}
```

◆ 실행결과

```
교환 전: a=100  b=500
교환 후: a=500  b=100
```

설명 두 예에서 보는 바와 같이 결과는 동일하다. reference를 사용하는 경우 간단하기는 하지만, swap(int &x, int &y)함수에 있어서 '&'를 붙이는 부분이 함수를 호출할 때 인수에 붙이는 것인지 함수 자체의 가인수에 붙이는 것인지 혼동될 때가 있으므로 주의가 필요하다.

swap(int& x, int& y); 사용자 정의함수

swap(a, b); main() 내의 호출 함수

2.6 네임스페이스

네임스페이스(namespace)는 특정 영역에 이름을 붙여주는 것을 의미한다. 한 프로그램 내에서 같은 이름을 가진 변수나 함수를 충돌 없이 구별하기 위해서 사용하기 위한 것이다.

데이터베이스에서 데이터를 구별하기 위해서 키워드라는 것이 있듯이 같은 이름을 가진 데이터를 구별해 주려면 무엇인가가 필요하게 된다. 만약 "자옥"이란 이름을 가진 사람이 두 명이 있다고 하자 물론 같은 반에 있는 사람이라면 "키 큰 자옥"이 "키 작은 자옥"이라든가 무슨 구별이 필요하겠지만, A반 B반으로 서로 다른 반이라면 A반의 자옥이라고 하면 쉽게 구별할 수 있다.

프로젝트를 수행하다보면 개인이든 회사이든 독자적인 개발하기 보다는 나누어서 개발한 후에 전체를 하나로 묶어서 프로젝트를 완성하게 되는데 변수명과 함수명을 사전에 약속하고 사용하지 않았을 경우에 같은 이름에 있어서 충돌을 피할 수 없다. 따라서 이를 해결하는 것이 곧 네임스페이스의 역할인 것이다. 다음의 예를 들어보자.

프로그램 2-21

```
#include <iostream>
using namespace std;
void Jaok()
   {
         cout<< "A반 자옥아♪ ~"<<endl;
    }
int Jaok()
   {
         cout<< "B반 자옥아♪ ~"<<endl;
    }
    void main()
      {
         cout <<"A반 자옥 호출~"<<endl;
         Jaok();
         cout <<"B반 자옥 호출~"<<endl;
         Jaok();
         return 0;
        }
```

이 프로그램은 Jaok()이란 같은 이름의 함수에 대하여 어느 함수를 호출해야 될지 혼동되어 당연히 에러를 발생시킨다. 이 에러를 없애기 위한 네임스페이스 사용 예를 들어보자.

프로그램 2-22

```
#include <iostream>
using namespace std;
namespace A_ban
{
 void Jaok()
     {
          cout<< "A반 자옥아♪~"<<endl;
     }
 }
```

```
namespace B_ban
 {
 void Jaok()
     {
          cout<< "B반 자옥아♪~"<<endl;
     }
 }

 void main()
   {
     cout <<"A반 자옥 호출~"<<endl;
     A_ban::Jaok();
     cout <<"B반 자옥 호출~"<<endl;
     B_ban::Jaok();
    }
```

◆ 실행결과

```
A반 자옥 호출~
A반 자옥아♪~
B반 자옥 호출~
B반 자옥아♪~
```

설명 namespace를 사용해서 A_ban, B_ban 소속 그룹을 명시해 주었다. 그리고 main문에서 소속 그룹과 영역해결 연산자 ::를 사용해서 함수의 위치를 알려주었다.

다음은 using을 사용하여 보다 편리한 네임스페이스를 알아본다.

프로그램 2-23

```
#include <iostream>
using namespace std;
namespace A_ban
 {
```

```
void Jaok()
    {
        cout<< "A반 자옥아♪~"<<endl;
    }
}
namespace B_ban
{
void Jaok()
    {
        cout<< "B반 자옥아♪~"<<endl;
    }
}
using A_ban::Jaok();
void main()
    {
        Jaok();
    }
```

◆ 실행결과

```
A반 자옥아♪~
```

설명 using을 사용해서 A_ban을 지정하였다. 그 대신 main문에서 소속 그룹과 :: 기호는 필요 없게 된다.

과거에는 cout, cin, endl 등의 입·출력문을 사용하기 위해서 전처리기로 헤더파일 iostream.h를 선언하여 사용하였다. 그러나 최근의 새로운 표준에는 iostream.h를 사용하는 대신 iostream을 전처리기로 사용하여, 네임스페이스 std안에 있는 이들의 이름을 참조하고 있다. 다음에 그 예를 보인다.

프로그램 2-24

```
#include <iostream>
using namespace std;
```

```
int main(){
      cout << "using namespace..."
      cout << endl;
      return 0;
  }
```

◆ 실행결과

```
using namespace...
```

설명 using namespace를 사용해서 지정하였다. 그리고 iostream.h 대신 iostream의 스트림을 헤더파일로 사용하였다. 이러한 스트림 이용이 새로운 응용프로그램의 추세이다. 또한 main문에서는 입출력 cout, cin 등을 std:: 및 기타 지정 :: 부호를 사용하지 않고 그대로 사용하면 된다.

다음은 namespace를 사용하지 않고 std:: 지정을 하여 사용하는 예를 보인다.

프로그램 2-25

```
#include <iostream>
using std::cout;
using std::cin;
using std::endl;

void main(){
      cout << "using std..."<< endl;
  }
```

◆ 실행결과

```
using std...
```

다음은 main() 프로그램 내에서 직접 std::를 사용하여 나타내는 예를 보인다.

프로그램 2-26

```
#include <iostream>
void main(){
      std::cout << "std::직접사용"<< std::endl;
  }
```

◆ 실행결과

```
std:: 직접사용
```

상기 세 예제에서 보면 마지막이 제일 번거로울 것 같다. 하지만 번거로울수록 이름의 충돌을 확실히 피해갈 수 있는 방법이라고 할 수 있다.

2.7 new/delete

C++의 새로운 개념 중에 하나로 동적 메모리 할당이 있다. 동적 메모리 할당에는 일반적인 자료형 변수에서 기억장소를 할당하고 할당된 기억장소를 해제하는 연산자가 new, delete이다. 즉 new연산자는 기억장소를 할당하고, delete는 할당된 기억장소를 해제한다. 형식은 다음과 같다.

```
int *pt = new int ;
delete pt;
```

상기 괄호에서 new int는 int형 데이터 하나를 저장할 수 있는 메모리 공간을 할당하라는 것이고, 할당된 메모리 공간의 주소 값이 반환된다. 또한 delete pt는 new에 의해서 할당된 메모리 공간을 해제하라는 것이다. C언어에서 메모리 할당을 할 때 malloc() 함수를 사용하고, 할당된 메모리를 해제할 때 free() 함수를 사용하는 것과 유사한 개념으로 받아들이면 된다.

동적 메모리 할당에 대해서 분량이 조금 많기 때문에 다음 장에서 상세하게 설명하기로 한다.

2.8 자료형

2.8.1 자료형 선언 위치

C언어에서는 자료형 선언을 먼저하고 나중에 값을 대입하거나 사용해야 되었다. 그러나 C++언어에서는 필요한 곳에서 자료형을 선언하고 사용하면 된다.

```
main()
{
    .....................
    .....................
    int a;              // 필요할 때 선언
    .....................
    float b;            // 필요할 때 선언
    ...................
}
```

프로그램 2-27 C/C++ 비교

<table>
<tr><th>C언어</th><th>C++</th></tr>
<tr><td><pre>#include <stdio.h>
void main()
{
    int i;
    int sum=0;
    for(i=0; i<5; i++)
     {
        sum = sum +i ;
     }
    printf("%d \n", sum);
}</pre></td><td><pre>#include <iostream>
using namespace std;
void main()
{
    int sum=0;
    for(int i=0; i<5; i++)   // ①
     {
        sum = sum +i ;
     }
    cout<< sum << endl;
}</pre></td></tr>
</table>

◆ 실행결과

```
10
```

설명 결과는 동일하다. ①에서와 같이 C언어에서는 허용되지 않지만 C++에서는 필요한 곳에서 자료형을 선언하여 사용하면 된다. 그러나 하나의 변수를 두 번 이상 자료형을 선언하면 에러를 발생한다.

프로그램 2-28

```
#include <iostream>
using namespace std;
void main()
 {
   int x=10;
   cout << "x="<< x <<"\n";
   double y=12.5;
   cout << "y=" << y << "\n";
   char z='a';
   cout << "z=" << z << "\n";
 }
```

◆ 실행결과

```
x=10
y=12.5
z=a
```

2.8.2 bool형

C++언어의 새로운 자료형으로 bool은 ture와 false 중에서 하나를 값으로 한다. 즉, false는 0, true는 1을 되돌려 준다.

프로그램 2-29 bool형의 예

```
#include <iostream>
using namespace std;
void main()
 {
   bool val1, val2;
   val1 = true;
   val2 = false;
   cout <<"val1="<< val1<<"\t"<<"val2="<<val2<<endl;
  }
```

◆ 실행결과

```
val1=1      val2=0
```

설명 val1과 val2는 bool로 선언되었으므로 true나 false 값을 가질 수 있다.

프로그램 2-30 bool형의 예

```
#include <iostream>
using namespace std;
bool function(bool value)
  {
       bool x;
       x= value;
       if( x == true) return true;
         else return false;
   }
  void main()
    {
       int a;
       bool b;
       cout << "입력 a: " ;
       cin >> a;
```

```
b= ((a > 0) ? true : false) ; // ①
cout << "출력: " ;
cout << function(b) << endl;  // ②
 }
```

◆ 실행결과

```
입력 a: 30 ↵
출력: 1
```

설명 bool은 true와 false 두 값을 가지므로 입력 a값을 0 이상으로 입력하면 ①에서 true를 선택하여 b값은 true로 되며 ②에서 function()을 호출하여 true이므로 true를 리턴하므로 ②출력은 1이 된다. 만약 입력값을 0보다 적은 수를 입력하면 ②출력은 0을 출력할 것이다.

연습문제

01. C++언어가 C언어에 비하여 추가된 가장 큰 특징을 설명하라.

02. 다음 프로그램은 C언어에서 사용하는 사용자 정의 함수이다. C++에서 함수의 중복을 적용하여 수정하라.

```
#include <iostream>
using namespace std;
int int_gop(int a, int b)
   {
   return(a*b);
    }
 double double_gop(double a, double b)
    {
    return(a*b);
     }
void main()
   {
      cout<<"정수 곱셈 : "<<int_gop(2, 4)<<endl;
      cout<<"배정도 실수 곱셉 : "<<double_gop(2.0, 4.0)<<endl;
   }
```

03. 네임스페이스를 사용하는 이유를 설명하라.

04. 네임스페이스를 선언하여 세 개의 이름이 같은 함수를 만들고 using을 사용하여 각 함수에 접근하는 프로그램을 작성하라.

05. C++의 자료형의 선언위치에 대하여 설명하라.

06. Reference는 포인터와 근본적으로 무엇이 다른가?

07. C언어에는 없고 C++에만 있는 자료형은 무엇인가?

03

클래스 기초

3.1 클래스 개념

데이터를 처리하다 보면 데이터의 유형은 다르지만 논리적으로 함께 다루어지는 값들이 존재할 수 있다. 즉, 개인의 신상명세서를 보면 일반적으로 이름, 성별, 생년월일, 직업, 주소, 전화번호 등은 모두 그 사람 개인에 관련되어 있는 자료유형이다. 이와 같이 서로 관련된 데이터를 같이 묶어서 정의한 데이터 구조(data structure)를 구조체(struct)라고 하며, 이 구조체를 확장시킨 것이 클래스(class)이다. 클래스에서는 데이터에 작용하는 함수를 자체적으로 정의할 수 있으나, C언어 구조체에서는 자체 함수를 정의할 수 없다.

3.1.1 클래스 선언

클래스는 키워드 class를 사용하여 정의하며, 문법 형식은 다음과 같다.

```
class 클래스이름
{
        데이터 멤버;
        멤버 함수
         ....
};
```

class 다음에 클래스명을 쓰면 되는데, 클래스명은 변수명을 쓰는 것과 마찬가지로 자유롭게 아무 이름이나 쓰면 된다. 그리고 중괄호 내의 멤버(member)는 자료들의 기억장소인 데이터 멤버와 멤버 함수(member function)로 이루어진다.

멤버 함수는 메소드(method)라고도 부르며 데이터 멤버를 접근해서 값을 대입하거나 데이터 멤버를 출력하는 역할을 한다.

```
class student
{
    ....
}
student st1, st2;
```

또는

```
class student
{
    ....
} st1, st2;
```

여기서 student 클래스의 인스턴스인 st1, st2가 실제적으로 쓰일 객체(object)이다.

다음 그림은 클래스 내부에서 private로 선언된 데이터 멤버에 접근을 위한 멤버함수의 사용을 도식으로 나타낸 것이다.

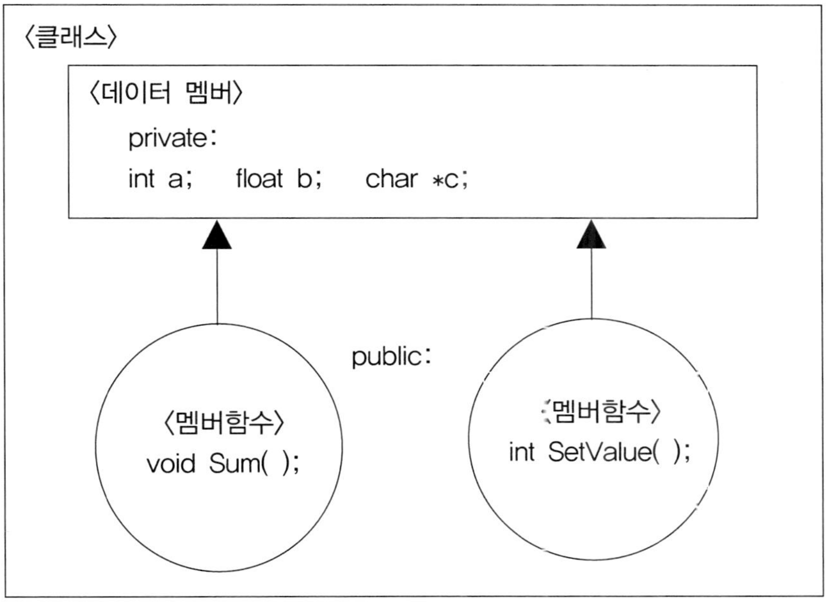

클래스 내에서 public으로 선언된 멤버함수를 통해서 데이터 멘버에 접근이 가능하다.

클래스 멤버의 공개와 비공개 여부는 public으로 할 것인가 아니면 private로 할 것인가에 달려있다. class가 공개를 하지 않는 특징을 가지므로 정보를 보호할 수 있다는 것을 다음에 나타낸다.

공개된 멤버의 예	공개되지 않은 멤버의 예

<pre>#include <iostream>
using namespace std;
class Normal
  {
      public:
         void SetValue(int, int);
         int itsX;
         int itsY;
   };
void Normal::SetValue(int x, int y)
   {
       itsX=x;
       itsY=y;
    }</pre>
	<pre>#include <iostream>
	using namespace std;
	class Normal
	  {
	      public:
	         void SetValue(int, int);
	      private:
	         int itsX;
	         int itsY;
	   };
	void Normal::SetValue(int x, int y)
	   {
	       itsX=x;
	       itsY=y;
	    }</pre>

상기 표의 좌우측 문장 중에 한 가지를 선택하여 붙인 상태에서 다음의 main() 프로그램을 계속 작성한다.

```
void main()
{
    Normal Star;
    Star.SetValue(10, 20);
    cout << Star.itsX << Star.itsY ;   ①
 }
```

①의 문장은 표의 좌측에 나타낸 공개된 멤버의 경우는 접근이 가능하지만 표의 우측에 나타낸 공개되지 않은 멤버의 경우에는 컴파일 에러를 발생하며 접근하지 못한다.

```
#include 〈iostream〉
class AAA
  {
     public:
       void Function(int, int);
       int a;

     private:
       int itsA;

   };

void AAA::Function(int x, int y)
   {
      itsA = x ;
   }
```

```
void main( )
{
   AAA A1;
   A1.Function(10, 20);
   cout〈〈 A1.a 〈〈endl ;
 }
```

상기 표에서 보는 바와 같이 데이터 멤버에 접근하기 위해서는 공개된 자료는 main()함수에서 A1.a와 같이 외부에서 접근이 가능하다. 또한 공개되지 않은 itsA와 같은 멤버는 멤버함수 Function(int x, int y)를 통하여 접근이 가능하다.

3.1.2 클래스 멤버 참조

클래스 변수의 구성요소 참조 방법은 크게 두 가지가 있다. 하나는 클래스 변수와 구성요소를 '.'으로 연결하는 방법이고, 다른 하나는 '->' 기호를 사용하는 방법이다.

(1) '.' 기호

참조 기호 '.'의 사용으로 접근할 수 있다

객체.멤버

공용 멤버로 선언된 경우에는 main() 함수에서 객체를 만들어 객체를 이용하여 공용 멤버에 접근할 수 있다.

```
class STD
  {
    public:
        void SetValue(){}
   }

 main()
  {
     STD ptr;
     ptr.SetValue();
  }
```

다음은 공용 멤버 변수에 값을 대입하고 출력하는 프로그램을 보인다.

프로그램 3-1

```
#include <iostream>
using namespace std;
class student
   {
     public:
      int id;
      int score;
   };
void main ()
{
   student s1;
   s1.score = 80;
   s1.id = 11031;
   cout << s1.id << "  " << s1.score << endl;
}
```

◆ 실행결과

```
11031   80
```

설명 s1의 경우는 {11031, 85}의 값이 보관되고, 그 값이 출력된다. 그러나 이 예제는 class의 의미가 없다. 왜냐하면 은닉성이라고 하는 C++의 역할을 이용하지 못하기 때문이다. 따라서 데이터 멤버는 public으로 선언하지 말고, private로 두어 public으로 선언된 멤버 함수로 하여금 값을 세팅할 수 있도록 하는 것이 바람직하다.

---

(2) '–〉' 기호

클래스 포인터의 경우 '–〉'를 사용하여 참조한다.

포인터 객체 –〉 멤버

또는

(*포인터 객체). 멤버

다음은 '.' 기호와 '–〉' 기호를 사용하여 작성된 간단한 프로그램의 예를 보여주고 있다.

프로그램 3-2

```
#include <iostream>
using namespace std;
int main ()
 {
    class student
     {
```

```
    public:
      int num;
    };
    student s, *p=&s;
    s.num = 10;
    cout << p->num << "  " << (*p).num << endl;
    return 0;
}
```

◆ 실행결과

```
10   10
```

3.2 접근 지정자

접근지정자는 멤버들은 private과 public을 이용하여 접근 권한을 제한할 수 있다. private으로 선언된 멤버들은 제한된 특정 함수들에 의해서만 접근이 가능한데, 이러한 함수가 멤버 함수이다.

프로그램 3-3

```
#include <iostream>
using namespace std;
class student
{
private:
    int id;
    int score;
public:
    void Set() { id = 1000; score = 100;}
    void Show()
    {
        cout << "id: " << id << endl;
```

```
        cout << "score: " << score << endl;
    }
};
void main()
{
        student sss;
        sss.Set();
        sss.Show();
//  sss.id=2000;   //① error 발생
}
```

◆ 실행결과

```
id:1000
score:100
```

설명 위의 예에서 id와 score 변수는 Set() 멤버 함수를 이용하여 접근할 수 있지만, ①과 같이 직접 이 변수의 값을 수정하는 등의 접근은 불가능하다. 이와 같이 클래스 내에 private로 선언된 데이터 멤버는 public으로 선언된 멤버 함수를 사용해서만 접근 가능하도록 하는 기능은 객체 지향 프로그래밍에서 중요한 요소 중의 하나이며, 이를 은닉성(encapsulation)이라고 한다.

3.3 멤버 함수

함수를 클래스의 멤버로 정의할 수가 있는데, 이러한 함수를 멤버 함수(member function)라고 한다. 그리고 멤버 함수가 아닌 함수는 일반 함수라고 한다.

프로그램 3-4

```
#include <iostream>
using namespace std;
class AAA
{
```

```
 private:
      int itsX;        // 데이터 멤버
      int itsY;        // 데이터 멤버
// 멤버 함수
  public:
      void Set() { itsX=0; itsY=0;}
      void SetX(int x) { itsX=x ;}
      void SetY(int y) { itsY=y;}
      void Display()
      {
          cout << "itsX=" << itsX << endl;
          cout << "itsY=" << itsY << endl;
      }
 };
void main ()
{
    AAA aaa, bbb;
    aaa.Set();
    bbb.SetX(10);
    bbb.SetY(20);
    aaa.Display();      // itsX=0, itsY=0 출력
    bbb.Display();      // itsX=10, itsY=20 출력
}
```

◆ 실행결과

```
itsX=0
itsY=0
itsX=10
itsY=20
```

설명 AAA 클래스는 크게 데이터 부분과 이들 데이터를 처리하는 멤버 함수로 나누어진다. Set() 멤버 함수의 역할은 순전히 istX와 itsY의 값을 처리하기 위한 용도로 사용된다. 그리고 Display() 멤버 함수는 데이터 멤버를 출력하는 역할을 한다.

프로그램 3-5

```
#include <iostream>
using namespace std;
class Student
{
   private:                              // 생략 가능
      int value;                         // 데이터 멤버
   public:
      Student(){cout << "Student Constructor."<<end ;}
      ~Student(){cout << "Student Destructor."<<endl;}
      void Set(){ value=1000;}           // 멤버 함수
      void Show(){ cout << value ;}      // 멤버 함수
 }
 int  main();
 {
   Student SSS;         // 클래스 객체 SSS

   SSS.Set();           // 멤버 함수에 접근

   SSS.Show();          // 멤버 함수에 접근

   return 0;
 }
```

◆ 실행결과

```
Student Constructor.
1000
Student Destructor.
```

설명 main문에서 SSS은 클래스 Student가 생성한 객체이다. 그리고 SSS.Set()과 SSS.Show()는 멤버 함수에 접근하며, Set()은 value 멤버에 접근하여 값을 대입하고, Show()멤버 함수는 value값을 출력하는 기능을 갖는다.

멤버 함수의 정의는 클래스 밖에서도 가능한데, 일반적으로 함수의 크기가 작고 자주 사용되는 경우에는 클래스 안에 정의한다.

멤버 함수의 내용이 길 경우에는 클래스 외부에 흔히 정의하게 되는데, 형식은 다음과 같다. 동일 함수명이 다른 클래스에서도 사용될 수 있으므로 :: 연산자를 사용하여 멤버 함수가 소속된 클래스를 명시한다.

```
리턴형 클래스명 :: 함수명(인수, 인수, ...)
{
    ......
    ......
}
```

앞의 프로그램 예에 대해서 멤버 함수를 클래스 외부에 선언하는 예를 다음에 나타낸다.

프로그램 3-6

```
#include <iostream>
using namespace std;
class AAA
{
    int itsX;
    int itsY;
  public:
    void Set();           // 외부에 멤버 함수 정의
    void SetX(int x) { itsX=x ;}
    void SetY(int y) { itsY=y;}
    void Display();     // 외부에 멤버 함수 정의
};
void AAA::Set()        // :: 사용 정의
     {
          itsX=0;   itsY=0;
      }
 void AAA::Display()
```

```
    {
        cout << "itsX=" << itsX << endl;
        cout << "itsY=" << itsY << endl;
    }
int main ()
{
    AAA aaa, bbb;
    aaa.Set();
    bbb.SetX(10);
    bbb.SetY(20);
    aaa.Display();
    bbb.Display();
    return 0;
}
```

◆ 실행결과

```
itsX=0
itsY=0
itsX=10
itsY=20
```

설명 실행결과는 앞의 예제와 같다. Set()과 Display()의 멤버 함수는 외부에 선언하였고, SetX(), SetY()는 내부에 정의하였다. 그러나 표현만 다를 뿐 외부나 내부나 하는 일은 동일하다.

3.4 구조체와 클래스 비교

C언어에서 지원되는 구조체는 멤버에 함수가 없다. 그리고 C++에서 구조체와 클래스는 모두 멤버에 멤버 함수를 포함한다. 그러나 class는 접근지정자 private가 디폴트로 되어 있고, struct는 public이 디폴트로 되어 있다.

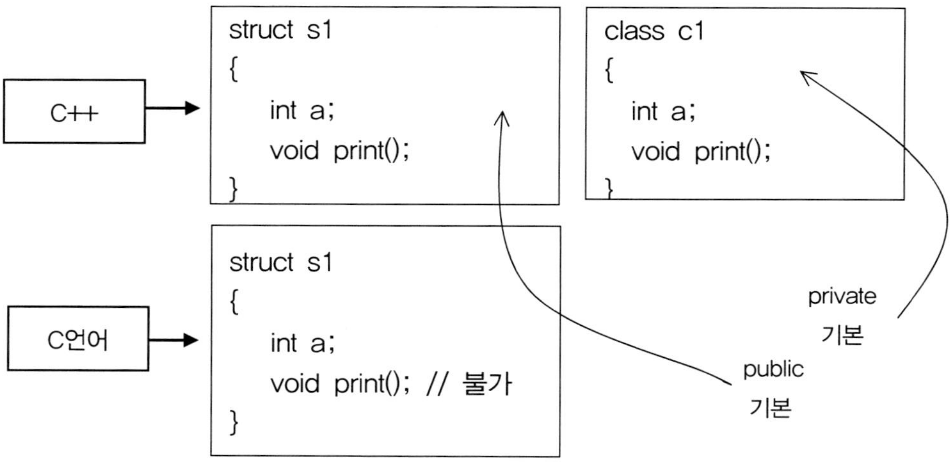

그림 3.1 구조체와 클래스의 차이점

프로그램 3-7

```
#include <iostream>
using namespace std;

struct Dog
{
        Dog(){cout<<"Dog Constructor. \n";}
        void SetAge(int age){ itsAge=age;}
        void SetWeight(int weight){ itsWeight=weight;}
        virtual ~Dog() {cout<<"Dog Destructor. \n";}
        int GetAge() {return itsAge;}
        int GetWeight() {return itsWeight;}

  private:
        int itsAge;
        int itsWeight;
};

int main()
{
      Dog BulDog;
      BulDog.SetAge(3);
      BulDog.SetWeight(10);
```

```
        cout<<"Dog's Age: "<<BulDog.GetAge()<<endl;
        cout<<"Dog's Weight: "<<BulDog.GetWeight()<<endl;
        return 0;
    }
```

◆ 실행결과

```
Dog Constructor.
Dog's Age: 3
Dog's Weight: 10
Dog Destructor.
```

설명 class 대신 sturct 구조체를 선언하였다. 구조체 struct는 기본적으로 public 공용으로 값을 가지므로 main() 함수에서 객체를 이용하여 멤버함수에 곧바로 접근할 수 있었다. 그러나 class로 선언하였다면 컴파일 에러가 일어났을 것이다. 왜냐하면 기본이 class에서는 private 전용으로 되어 있기 때문이다. 또한 C언어에서의 struct는 멤버함수가 정의될 수 없고, private와 같은 개념이 없기 때문에 상기 예제는 물론 실행될 수 없다.

다음은 상기의 예제를 가지고 class를 선언하여 다시 객체에서 접근하는 방법을 알아보자.

프로그램 3-8

```
#include <iostream>
using namespace std;

class Dog
{
    public:
        Dog(){cout<<"Dog Constructor. \n";}
        void SetAge(int age){ itsAge=age;}
        void SetWeight(int weight){ itsWeight=weight;}
        virtual ~Dog() {cout<<"Dog Destructor. \n";}
        int GetAge() {return itsAge;}
```

```
        int GetWeight() {return itsWeight;}

    private:
        int itsAge;
        int itsWeight;
};

int main()
{

      Dog BulDog;
      BulDog.SetAge(3);
      BulDog.SetWeight(10);
      cout<<"Dog's Age: "<<BulDog.GetAge()<<endl;
      cout<<"Dog's Weight: "<<BulDog.GetWeight()<<endl;
      return 0;
}
```

◆ 실행결과

```
Dog Constructor.
Dog's Age: 3
Dog's Weight: 10
Dog Destructor.
```

설명 class를 사용하였다. 이 경우는 public을 선언해 주어야 된다. 기본이 private로 되어 있기 때문이다. 결과는 동일하다. C++에서 struct 구조체를 class에 비해 잘 사용하지 않는 것은 은닉성, 즉 데이터를 외부로부터 보호하기 위해서이다.

연습문제

01. 구조체와 클래스가 다른 점을 설명하라.

02. 멤버 함수란 무엇을 의미하며, 필요성을 설명하라.

03. 클래스의 구성 요소를 private과 public으로 구분하는 이유와 각각의 의미를 설명하라.

04. C++에서의 구조체가 C언어에서의 구조체와 다른 점을 설명하라.

05. 멤버 함수를 클래스 외부에서 정의할 때 형식을 설명하라.

06. 객체배열과 메모리 할당 new delete를 사용하여 직사각형의 넓이를 구하는 프로그램을 만들고자 한다. 다음 프로그램의 미완성 부분을 완성하라.

```
#include <iostream>
using namespace std;
class Square
{
  public:
        void SetValue(int, int);
        int Area();
  private:
        int itsX;
        int itsY;
};
void Square::SetValue(int x, int y)
{
   itsX = x;
   itsY= y;
```

```
}
int Square::Area()
{
    return itsX*itsY;
}

int main()
{
        int n=4,  k=0;
        int x, y;
        Square *Point;
        Point = new Square[n+1];

        while(1){
                if(k>n-1) break;
                cout << "input garo(x), sero(y)" << endl;
                cin >> x  >> y;

                Point[k].SetValue(x,y);
                k++;
        }

        for(int i=0; i<4; i++ ){
        cout << "Square Value "<<i<<" = ";
    cout << Point[i].Area() << endl;
        }

return 0;

}
```

04

클래스

4.1 클래스 초기화

클래스의 초기화는 클래스 이름과 동일한 멤버 함수, 즉, 생성자 함수를 정의하여 간편하게 수행할 수 있다. 생성자 함수는 데이터 멤버의 값을 직접 대입하는 방법과 콜론(:) 연산자를 사용하여 멤버 값을 초기화 하는 방법을 사용할 수 있다.

만약 class가 다음과 같이 선언된다고 하자.

```
class Person
{
    public :
            Person();
            ~Person();
            ......
    private :
            int itsX, itsY;
 }
```

1) 생성자 함수의 본체에서 멤버 값의 직접 대입에 의한 초기화

```
Person::Person()
  {
     itsX = 0 ;
     itsY = 1 ;
   }
```

2) 콜론 연산자를 사용하여 멤버 값 초기화

```
Person::Person() : itsX(0), itsY(1) { }
```

먼저, 생생성자 함수 내에서 멤버 값의 직접 대입에 의하여 초기화하는 프로그램 예를 다음에 보인다.

프로그램 4-1

```
#include <iostream>
using namespace std;
class student
{
    int id;
    int score;
  public:
    student();
    ~student(){}
    void Show();
};
  student::student(){      // 직접 대입에 의한 초기화
        id = 0;
        score = 0;
    }
  void student::Show()
    {
        cout << "id: " << id << endl;
        cout << "score: " << score << endl;
    }
void main ()
{
    student s;
    s.Show();
}
```

◆ 실행결과

```
id: 0
score: 0
```

두 번째로, 콜론 연산자를 사용하여 멤버 값 초기화하는 방법을 사용한 프로그램 예를 다음에 보인다.

프로그램 4-2

```
#include <iostream>
using namespace std;
class student
{
    int id;
    int score;
  public:
    student();
    ~student(){}
    void Show();
};
 student::student() : id(0), score(0)    // 콜론에 의한 초기화
  { }
 void student::Show()
   {
      cout << "id: " << id << endl;
      cout << "score: " << score << endl;
   }
void main ()
{
   student s;
   s.Show();
}
```

◆ 실행결과

```
id: 0
score: 0
```

설명 프로그램 예에서 보인 바와 같이 콜론에 의한 초기화도 같은 결과를 얻을 수 있음을 알았다. 내용 정의가 길어질 때 데이터 멤버의 초기화를 콜론에 의해서 한다면 보다 효과적이라고 본다.

다음은 콜론에 의한 초기화하는 또 하나의 예로서 생성자의 매개 변수가 있으며, 클래스 내에서 생성자 함수를 정의하는 경우를 알아본다.

프로그램 4-3

```
#include <iostream>
using namespace std;
class grade
{
     char *name;
     int english, math;
   public:
     grade(char *n, int e, int m) : name(n), english(e), math(m) {
       cout << "인수에 의한 생성자 호출 \n";
       }
   void Show()
   {
     cout << "name : " << name << endl;
     cout << "english: " << english << endl;
     cout << "math: " << math << endl;
   }
};
void main()
{
   grade s1("Hong", 90, 95);
   s1.Show();
}
```

◆ 실행결과

```
인수에 의한 생성자 호출
name : Hong
english: 90
math: 95
```

설명 프로그램에서 보는 바와 같이 콜론에 의해서 초기화가 이루어지며 클래스 내에서 함수의 정의가 이루어 졌다. 일반적으로 함수의 크기가 작고 자주 사용되는 경우에는 예제와 같이 클래스 안에 정의하고 그렇지 않은 경우에는 외부에서 ::를 사용하여 정의한다.

4.2 클래스 객체 배열

4.2.1 클래스 객체 배열 선언

일반적으로 변수를 배열로 선언하여 사용할 수 있듯이 클래스에서도 배열을 선언할 수가 있는데, 이를 클래스 객체 배열이라고 한다. 일반 변수에서 배열은 변수의 량이 대량이거나 for문 등에서 배열 요소를 간단히 불러낼 수 있는 장점이 있는 것과 마찬가지로 클래스 객체 배열도 같은 맥락에서 대단히 효율적으로 처리할 수 있는 자료 유형의 하나이다.

클래스 객체 배열의 기억 장소의 확보는 일반적으로 클래스 정의와 동시에 배열을 선언하는 경우와 클래스 정의 이후에 선언하는 경우로 나눌 수 있다.

실제로 클래스 student 형의 데이터를 저장할 수 있는 기억장소 방을 확보하는 경우를 다음 예를 통하여 알아보자.

1) 클래스 정의와 동시에 배열 선언 경우

```
class student
{
    int id;
    char name[20];
    int score;
} student_list[10];                    // 동시 선언
```

2) 클래스 정의 후에 배열 선언 경우

```
class student
{
```

```
        int id;
        char name[20];
        int score;
    };
student student_list[10];                // 후에 선언
```

설명 위의 방법 1)과 2)에서와 같이 선언을 하는 방법은 두 가지가 있으나 2)의 방법은 main문 시작 전에 전역변수와 같이 선언해도 되고, main문 내에서 선언해도 된다. 위 클래스 객체 배열 변수 student_list[] 의 기억 장소를 그림으로 나타내면 다음과 같이 된다.

	id	name[20]	score
[0]	정수형	20문자의 배열	정수형
[1]			
[2]			
	. . .	. . . .	. . . .
[8]			
[9]			

4.2.2 객체 배열과 생성자 호출

클래스의 객체로 배열을 선언하면 객체가 만들어지는 만큼 생성자를 호출하게 된다.

실제로 다음과 같은 클래스 Grade에 초기값을 넣는 예를 들어 보자. 클래스 Grade는 name[20], english, math의 세 개의 구성요소로 이루어진다.

	name[20]	english	math
Grade[0]	uiduk	100	90
Grade[1]	gildong	85	75
Grade[2]	mihwa	65	99

위와 같은 초기값을 넣어 놓은 다음에 클래스 배열을 출력하는 프로그램을 작성하면 다음과 같다.

프로그램 4-4

```
#include <iostream>

#include <string.h>
using namespace std;
class Grade
{
   char name[20];
   int english, math;
 public:
    Grade(){ cout<< "배열 생성자"<<endl;}
    void SetData(char *n, int e, int m)
       {
          strcpy(name, n);
          english = e;
          math = m;
       }
    void Show(){
         cout << name <<"\t"<<english<<"\t"<<math;
         cout << endl;
       }
 };
 void main()
   {
     Grade gg[3];
     gg[0].SetData("Uiduk", 100, 90);
     gg[1].SetData("Hong", 80, 70);
     gg[2].SetData("Shim", 60, 90);
           cout << "name   english   math \n";
       for(int i=0; i<3; i++)
        {
          gg[i].Show();
        }
   }
```

◆ 실행결과

```
배열 생성자
배열 생성자
배열 생성자
name      english    math
Uiduk       100       90
Hong         80       70
Shim         60       90
```

설명 main문에서 객체 배열을 선언하고 있다. 객체 배열을 생성하면 생성자를 3번 호출하게 된다. 즉, gg[0], gg[1], gg[2]의 3개의 배열에 대하여 객체가 생성될 때마다 생성자를 호출하게 된다.

4.2.3 객체 포인터 배열

객체 포인터 배열은 객체를 가리키는 포인터로 이르어져 있는 배열을 뜻한다. 다음 예제에서 동적메모리 생성 new를 사용하여 포인터 배열을 초기화하고 출력하는 방법을 알아본다.

프로그램 4-5

```
#include <iostream> using namespace std;
#include <string.h>
class Grade
{
    char name[20];
    int english, math;
  public:
      Grade(){ cout<< "배열 생성자"<<endl;}
      Grade(char *n, int e, int m)
         {
             strcpy(name, n);
             english=e; math=m;
```

```
        }
    void Show(){
        cout << name <<"\t"<<english<<"\t"<<math;
        cout << endl;
        }
};
void main()
  {
    Grade* gg[3];
    gg[0]= new Grade("Uiduk", 100, 90);
    gg[1]= new Grade("Hong", 80, 70);
    gg[2]= new Grade("Shim", 60, 90);

    cout << "name   english   math \n";
    for(int i=0; i<3; i++){
       gg[i]->Show();
      }
    for( i=0; i<3; i++) delete []gg[i];
                              // delete gg[i] 도 가능
  }
```

◆ 실행결과

```
name      english      math
Uiduk       100         90
Hong         80          70
Shim        60          90
```

설명 main문은 앞의 예제에서 객체 배열을 선언한 것 대신에 포인터 배열을 선언하고 있다. 즉, gg[0], gg[1], gg[2]의 3개의 배열에 대하여 생성된 객체의 주소값을 각각 저장하게 된다.

4.3 friend 객체 및 함수

4.3.1 friend 객체

자기 자신을 friend로 선언한 클래스의 멤버에 접근이 가능하게 되며 형식은 다음과 같다.

```
class 클래스명
{
  ....
  friend class 클래스명;
};
```

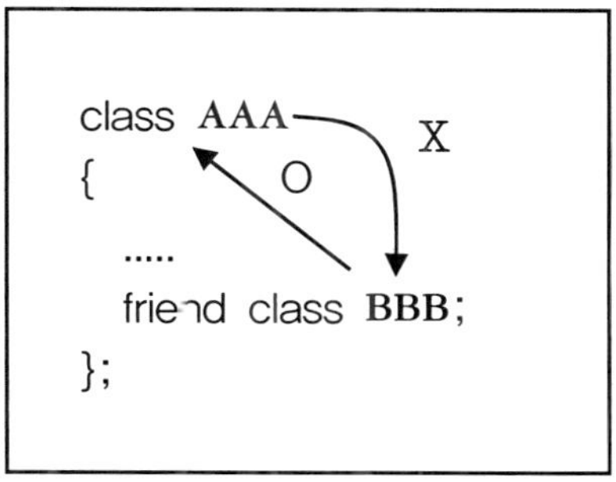

클래스명 AAA 내의 클래스 BBB의 앞에 friend를 선언했다. 이로써 BBB는 클래스 AAA의 멤버들에 접근이 가능("O")하다. 그러나 반대로 AAA클래스는 BBB클래스의 멤버들에 접근이 불가능("X")하다.

프로그램 4-6

```
#include <iostream> using namespace std;
class AAA
 {
   int value;
   friend class BBB;      // friend 클래스 선언
  public:
   AAA(int v){value=v;}
   void Show(){cout << value << endl;}
  };
 class BBB
  {
    public:
      int Initial(AAA a1){ return a1.value; } // AAA 멤버참조
   };
 void main()
```

```
{
  AAA aa1(10);
  BBB bb1;
  cout << bb1.Inital(aa1) <<endl;
  aa1.Show();
 }
```

◆ 실행결과

```
10
10
```

설명 AAA 클래스 내에 BBB 클래스를 firend로 선언하였다. 따라서 BBB 클래스 내의 Initial() 멤버 함수를 통하여 AAA 클래스의 멤버인 value에 접근이 가능하다.

4.3.2 friend 함수

클래스 내의 private 멤버 변수에 접근하기 위해서는 멤버 함수를 통해서만 가능하며, 클래스 밖의 일반함수를 통해서는 클래스 멤버에 접근이 불가능하다. 그러나 일반함수에 friend 함수 선언을 하면 private a멤버에 접근이 가능해진다. 형식은 다음과 같다.

```
class 클래스명
{
  .....
  friend 자료형 함수명(인수);
};
```

friend 함수 선언은 반드시 class 내에 선언되어야 한다. 다음 예제를 통하여 이해를 높여 보자.

프로그램 4-7

```
#include <iostream> using namespace std;
class Add
 {
   int value;
 public:
   Add(){value=0;}
   friend int Plus(Add  p1);        // friend 함수 선언
  };
  int Plus(Add p1){                 // 일반 함수
     int sum;
     sum = p1.value + 100 ;        // Add 멤버 접근
     return sum;
   }
 void main()
   {
     Add aaa;
     cout << Plus(aaa) << endl;
   }
```

◆ 실행결과

```
100
```

설명 Add 클래스 내에서 Plus함수가 일반 함수이나 friend 함수로 선언이 되었다. 따라서 클래스 밖에 정의된 일반 함수 Plus()내에서 private 멤버 변수인 value에 접근이 가능해졌다.

일반 함수를 사용해서 프로그램 작성시 클래스 내의 멤버변수에 접근이 필요할 경우가 발생할 때, 접근에 필요한 멤버 함수를 클래스 내에 별도로 만들 필요없이, 일반 함수 선언과 동시에 friend를 붙여 줌으로써, 간단히 일반 함수만으로도 목적을 달성할 수 있다. friend 선언은 private나 public 어느 곳에 선언해도 된다.

4.4 const 객체 및 함수

4.4.1 const 함수

클래스 내에서 const로 선언된 멤버 함수는 객체의 데이터 멤버의 값을 변경하지 못하도록 막는 역할을 한다. 그 형식은 다음과 같다.

```
class 클래스명{
  private:
     데이터 멤버;
  public:
     멤버 함수명( ) const ;
  };
```

const로 선언된 멤버 함수의 값을 바꾸고자 하는 경우, 에러가 발생하는 예로 들어 보자.

프로그램 4-8

```
#include <iostream> using namespace std;
class AAA
 {
   int value;
 public:
   AAA(){ value=0;}
   void Increment() const
       {
          value++;                // ① error 발생
       }
    void Show(){ cout << value ;}
 };
void main()
 {
     AAA inc;
     inc.Increment();
```

```
    inc.Show();
}
```

설명 ①부분에서 에러가 발생한다. 그 이유는 const로 선언된 멤버 함수의 경우 데이터 멤버가 기억하고 있는 값을 바꿀 수 없기 때문이다. 따라서 이 프로그램이 정상적으로 동작하기 위해서는 멤버 함수 Increment() 뒤의 const를 삭제하거나, 변경하고자 하는 데이터 멤버를 다른 함수에서 이루어지도록 하고, const로 선언된 멤버 함수 내의 값을 바꾸지 않는 형태로 바꾸어야 된다.

다음은 const를 붙여서 error 발생하는 예를 몇 가지 알아본다.

선언 후에 값 대입은 허용하지 않으며, 초기화 할 경우에는 우측과 같이 const와 동시에 초기화해야 된다.

```
const int value;
value = 100 ;   // error 발생
```

→

```
const int value=100;
    // O.K
```

그리고 다음에서와 같이 포인터의 내용을 바꿀 수 없다.

```
int a=100;
const int *p = &a;
*p = 200;  // error 발생
```

또한, 다음과 같이 const로 한번 지정된 주소는 변경할 수 없다.

```
int a1= 100, a2= 200;
int * const p=&a1;  // 한번 지정됨.
p=&a2; // error 발생
```

상기 프로그램 예에서 private 데이터 멤버가 const로 선언되면 어떻게 되겠는가 생각해 보자. 즉,

```
class AAA
{
     const int value;          // 임의의 값으로 초기화됨
   public:
     AAA(){ value = 10;}    // error 발생
 }
 AAA aaa;
```

상기 예제의 경우 크래스 AAA의 객체 aaa를 생성하면 메모리 공간을 확보하고 생성자를 호출하게 되는데 멤버 value를 10으로 초기화 하려고 할 것이다. 그런데 이미 value는 임의의 값으로 초기화가 되어 버린 상태이기 때문에 다시 값을 바꾸려고 할 것이다. 따라서 error가 발생하고 만다. 그러나 다음과 같이 하면 이러한 경우에 해결은 된다.

즉, AAA(): value(10){} 과 같이 :을 사용한 초기화는 받아들여지게 된다.

const를 사용한 멤버 함수는 보통 어떤 경우에 많이 사용하는가 하면, 주로 데이터 멤버를 바꾸지 않는 출력 함수에 사용한다. 다음 예제는 const가 선언된 출력 함수에 관한 것이다.

프로그램 4-9

```
#include <iostream> using namespace std;
class AAA
 {
   int value;
 public:
   AAA(){ value=10;}
   void Increment() { value++;}
    void Show()  const       // 출력 함수
          { cout << value ;}
 };
void main()
 {
     AAA inc;
     inc.Increment();
```

```
    inc.Show();
  }
```

◆ 실행결과

```
11
```

설명 출력 함수는 값을 변경시키지 않고 출력만 하는 역할을 하기 때문에 const를 사용해도 무관하다.

4.4.2 const 객체

const 객체는 const 멤버 함수와 마찬가지로 생성된 객체는 상수로 취급된다. 따라서 초기화된 데이터 이외에는 다시 데이터를 갱신할 수 없다. 그리고 const 객체는 클래스 내에서 const 멤버 함수만 호출이 가능하고, const가 붙지 않은 멤버 함수는 호출이 불가능하다.

프로그램 4-10

```
#include <iostream> using namespace std;
class Person
{
    private:
        int height;
        int weight;
    public:
        Person(int h, int w) : height(h), weight(w){}
        void SetData(int x, int y)        // const 없는 멤버 함수
            {
                height=x ; weight=y;
            }
        void Show() const                 // const 멤버 함수
            {
                cout << "height="<< height << endl
```

```
                cout << "weight="<< weight << endl;
            }
    };
    void main()
      {
          const Person tall(180, 80);
      // tall.SetData(190, 90);              // error 발생
          tall.Show();                       // O.K
      }
```

◆ 실행결과

```
height=180
weight=80
```

설명 const를 붙인 Show()멤버 함수는 실행되나, 만약 일반 멤버 함수인 SetData()의 //를 풀면 에러가 발생한다. 이는 const 객체는 const로 되어 있는 멤버 함수만 사용하기 때문이다.

4.5 static 변수 및 멤버

4.5.1 static의 기능

변수에 있어서 static이 붙지 않는 것은 모두 default 값으로 auto로 되어 있다고 보면 된다. 그러면 static과 auto 변수의 관계를 비교해 보자.

프로그램 4-11

```
#include <iostream> using namespace std;
void increment()
{
  static int val1 = 0;
          int val2 = 0;
          val1++; val2++;
```

```
        cout << "val1="<<val1<<"\t"<<"val2="<<val2;
        cout <<endl;
  }
 void main()
  {
      increment();
      increment();
  }
```

◆ 실행결과

```
val1=1    val2=1
val1=2    val2=1
```

설명 val1은 정적변수인 static로 선언되어 프로그램이 끝날 때까지 메모리를 유지하고 한번 초기화된 이후에는 새로 초기화가 이루어지 않지만, 자동변수의 경우는 반복해서 초기화가 일어난다.

4.5.2 static 데이터 멤버

데이터 멤버에 있어서 static을 선언하면 main함수를 호출하기 이전에 데이터 멤버를 초기화시킬 수 있고, 또한 static의 특성상 한번만 초기화가 일어난다.

static 데이터 멤버에 있어서 private에 선언하는 경우와 public에 선언하는 경우가 있는데, 이들은 같은 기능으로 main함수에서 직접 접근할 수 있느냐 없느냐만 다르다. 다음 프로그램 예에서 이들 관계를 설명한다.

프로그램 4-12

```
#include <iostream> using namespace std;
class Zoo
{
  private:
    static int count;              // ① 정적변수 선언
  public:
```

```
    Zoo(){   count++;}
    void Show(){ cout << count << endl;}
};
int Zoo::count=0;                  // ② 초기화
void main()
{
        Zoo z1, z2, z3;
        z1.Show();
        z2.Show();
        z3.Show();
    //  cout << Zoo::count << endl;  // ③ error 발생
    }
```

◆ 실행결과

```
3
3
3
```

설명 count는 ①에서 private 접근자의 멤버로 선언되었다. 그리고 ②에서 초기화가 이루어진다. 만약 ①과 같이 static로 선언되지 않고 생략(auto)된다면 ②는 에러를 발생한다. 즉, static로 선언된 경우만 ②와 같이 접근이 허용된다. 그리고 ③에서 //를 생략시, 멤버가 private이므로 직접 접근이 불가능하여 에러를 발생시킨다. 실행결과는 main에서 객체 z1, z2, z3가 세 번 생성되기 때문에 생성될 때마다 호출되는 생성자에서 count 멤버가 1씩 증가되어 1, 2, 3으로 증가하게 된다.

프로그램 4-13

```
#include <iostream> using namespace std;
class Zoo
{
  public:
    static int count;          // ① 정적변수 선언
    Zoo(){   count++;}
    void Show(){ cout << count << endl;}
```

```
};
int Zoo::count=0;                // ② 초기화
void main()
{
        Zoo z1, z2, z3;
        z1.Show();
        z2.Show();
        z3.Show();
        cout << Zoo::count << endl;  // ③ O.K
   }
```

◆ 실행결과

```
3
3
3
3
```

설명 count는 ①에서 public 접근자의 멤버로 선언되었기 때문에 ③에서 직접 멤버의 접근이 가능하게 된다.

4.5.3 static 멤버 함수

static 멤버 함수에 있어서도 static 데이터 멤버와 마찬가지로 main함수에서 직접 접근이 가능하며 static 멤버 함수에는 static 멤버만을 사용할 수 있다. 다음 프로그램 예를 통하여 확인해 보자.

프로그램 4-14

```
#include <iostream> using namespace std;
class student
{
 private:
         int id;
```

```
 static int num;    // ① 정적변수 선언

public:
    student(){
          num++;
          id=num;
        }
      static ShowNum()      // ② 정적 멤버 함수 선언
        {
          cout<< "num="<< num << endl;   // ③
         }
    void ShowId()          // ④ 일반 멤버 함수 선언
        {
          cout<< "id="<< id << endl;
         }
     };
   int student::num=0;      // 초기화
void main()
   {
      student s1;
      student::ShowNum();
      student s2;
      student::ShowNum();
      student s3;
      student::ShowNum();
      s1.ShowId();
      s2.ShowId();
      s3.ShowId();
   // student::ShowID();   // ⑤ error 발생
     }
```

◆ 실행결과

```
num=1
num=2
num=3
id=1
id=2
id=3
```

설명 ②에서 정적 멤버 함수가 선언되었다. 정적 멤버 함수에는 ③의 정적 변수 num만이 올수 있다. 따라서 일반 멤버 id를 사용하면 에러가 발생한다. ④의 일반 멤버 함수는 정적 멤버 num도 사용 가능하다. ⑤는 ShowId()가 일반 멤버 함수이기 때문에 main함수에서 직접 참조는 불가능하다. 따라서 ShowNum()과 같은 정적 멤버 함수만이 직접 접근이 가능하다.

연습문제

01. 클래스 초기화에 대하여 설명하라.

02. 클래스 멤버를 private와 public으로 구별하여 멤버를 정의하는 이유를 설명하라.

03. 다음은 생성자를 통하여 itsX, itsY값을 초기화 하고, itsX와 itsY 값을 출력하는 프로그램을 작성하고자 한다. 다음의 내용을 근거로 하여 프로그램을 완성하라.

```
class example
  {
      public:
          example(int, int);
          example();
          void Display()
             {
                 cout<< ....
             }
        private:
            int itsX;
            int itsY;
     };
 int main()
   {

   }
```

04. 클래스 배열 및 배열의 필요성을 설명하라.

05. friend 멤버 함수 및 필요성을 설명하라.

06. const 멤버 함수 및 객체를 설명하라.

07. static 데이터 멤버 및 멤버 함수를 설명하라.

08. 다음 프로그램이 실행되도록 main() 함수 부분을 수정 보완하라.

```
#include <iostream>
using namespace std;
class AAA
 {
   public:
        void Plus(int, int);
  private:
       int itsA;
 };
 void AAA::Plus(int x, int y)
    {
       itsA= x+y;
      }
void main()
 {
   class A1;
   cout << A1.itsA << endl;
   cout << A1.Plus(5, 4) << endl;
   return 0;
 }
```

05

생성자

5.1 생성자 함수

생성자(Constructor) 함수는 클래스의 멤버 함수로 정의되며, 함수 이름이 클래스 이름과 동일하다. 또한 생성자 함수의 주된 역할은 클래스 내의 멤버들을 초기화하는 데 사용된다.

생성자의 일반적인 특징은 다음과 같다.

- 생성자는 함수이다.
- 클래스 이름과 동일한 이름을 지닌다.
- 생성자 앞에 리턴 형(type)이 없고, 리턴도 되지 않는다.
- 생성자는 public 지정자 다음에 선언한다.

5.1.1 생성자와 객체 생성과정

클래스를 가지고 객체를 생성할 때 두 가지 단계를 거치게 되는데 첫째 단계가 메모리 할당이고, 두 번째 단계가 생성자 호출이다.

생성자를 이용하여 멤버를 초기화하지 않고, 일반적인 멤버 함수를 통하여 멤버를 초기화하는 프로그램을 예로 들어보자.

프로그램 5-1

```
#include <iostream> using namespace std;
class student
{
private:
    int id, score;
public:
    void Set(int a, int b) {id = a; score = b;} // 멤버 초기화
    void Show() {cout << id << " -> " << score << endl;}
};
void main()
{
```

```
    student sss;
    sss.Set(20012, 100);
    sss.Show();
}
```

◆ 실행결과

```
20012 -> 100
```

설명 프로그램에서 먼저 student 클래스의 sss 객체를 생성하면 메모리를 할당하고, 그 다음 생성자를 호출하게 되는데, 여기서는 생성자가 정의되어 있지 않기 때문에 디폴트 생성자가 호출된다. 디폴트 생성자에 대하여는 다음 절에 설명하기로 한다. 멤버 id, score를 초기화하기 위해서 Set() 멤버 함수를 실행하여 '20012'와 '100'을 각각 초기화한다. 그리고 Show() 멤버함수를 통하여 '20012 -> 100'의 결과가 출력된다.

상기의 예에서는 student 클래스가 객체를 생성하여 메모리를 할당하고, 그 다음에 다시 멤버를 초기화하는 형태를 보인다. 그러나 객체를 생성하면서 동시에 생성자를 호출하기 때문에 생성자를 통해서 초기화하는 것이 보다 효율적이라 하겠다.

다음 프로그램 예에서는 생성자가 포함되어 있으며, 이 생성자에서 멤버를 초기화하고 있다.

프로그램 5-2

```
#include <iostream>
using namespace std;
class student
{
private:
    int id, score;
public:
    student (int a, int b) {id = a; score = b;}    // 생성자
    void Show() {cout << id << " -> " << score << endl;}
```

```
};
    void main()
{
   student sss(20012, 100);
   sss.Show();
}
```

◆ 실행결과

```
20012 -> 100
```

설명 프로그램에서 먼저 student 클래스의 sss 객체를 생성하면 메모리를 할당하고, 그 다음 생성자를 호출하게 되는데, 이 생성자 함수를 통하여 멤버 id와 score가 '20012'와 '100'으로 각각 초기화된다. 그 다음 Show() 멤버함수를 통하여 '20012 -> 100'의 결과가 출력된다. 따라서 앞의 예에서와 같은 별도의 Set() 멤버함수가 필요하지 않게 된다.

생성자 함수도 함수의 중복과 같이 중복을 허용하며, 객체 생성 및 생성자 호출에 대한 예를 다음 프로그램에서 보인다.

프로그램 5-3

```
#include <iostream>
using namespace std;
class student
{
private:
    int id, score;
public:
    student() { id = 0; score = 0;}              // 생성자 1
    student(int a, int b) {id = a; score = b;}  // 생성자 2
    void Set(int a, int b) { id = a; score = b;}
    void Show() {cout << id << " -> " << score << endl;}
};
```

```
void main()
{
    student ss1;                    // ①
    student ss2 (20012, 120);    // ②
    ss1.Show();
    ss2.Show();
    ss1.Set(20013, 130);
    ss1.Show();
}
```

◆ 실행결과

```
0 -> 0
20012 -> 120
20013 -> 130
```

설명 상기 예의 // ①에서 student 클래스 ss1 객체가 생성되면 '생성자 1'이 실행되기 때문에 id=0, score=0의 값으로 초기화된다. 그 다음 // ②에서 ss2의 경우는 '생성자2'가 실행되어 id=20012, score=120의 값으로 초기화된다. 따라서 ss1.Show() 와 ss2.Show() 함수를 호출하면 '0 -> 0'과 '20012 -> 120'의 결과가 출력된다. 그리고 일반 멤버 함수인 ss1.Set (20013, 130)을 호출한 후 출력하면 '20013 -> 130'이 출력된다.

다음은 생성자의 인수가 void 형인 경우의 예를 들어 본다.

프로그램 5-4

```
#include <iostream>
 using namespace std;
 class student
 {
 private:
     int id, score;
 public:
     student(int a=0, int b=0) {id = a; score = b;}       // 성성자
```

```
    void Show() {cout << id << " -> " << score << endl;}
};
void main()
{
    student ss1;                    // ①
    student ss2 (20012, 120);      // ②
    ss1.Show();
    ss2.Show();
}
```

◆ 실행결과

```
0 -> 0
20012 -> 120
```

설명 상기 예의 // ①에서 인수의 초기화가 이루어져 id와 score 멤버가 각각 0으로 된다. //②에서는 생성자 함수의 인수가 특정값이 주어지기 때문에 id와 score가 각각 20012, 120으로 주어진다. 즉, 생성자의 값이 초기화가 되어 있는 경우에 void 형도 접근할 수 있다.

다음은 생성자 함수의 인수가 void형인 경우에 처리가 애매해서 에러를 발생시키는 예를 들어본다.

프로그램 5-5

```
#include <iostream>
  using namespace std;
  class student
  {
  private:
      int id, score;
  public:
      student(){id=10; score=20;}                          // 생성자 1
      student(int a=0, int b=0) {id = a; score = b;}      // 생성자 2
      void Show() {cout << id << " -> " << score << endl;}
```

```
};
void main()
{
    student ss1;                    // ① 에러 발생
    student ss2 (20012, 120);      // ②
    ss1.Show();
    ss2.Show();
}
```

설명 상기 예의 //①에서 인수가 void 형이므로 생성자 1을 호출할 것인지 아니면 생성자 2를 호출할 것인지 모호해진다. 따라서 컴파일 에러를 발생하고 만다. 생성자가 //②와 같이 인수가 초기화되어 있는 경우는 생성자 //①을 동시에 사용할 수 없다.

5.1.2 공간 할당

생성자의 또 다른 용도는 프로그램 수행에 필요한 공간 할당을 위한 것이다. 즉, 프로그램 초기에 변수를 선언하면서 필요한 공간을 미리 확보하는 것이다. 아래의 프로그램에서는 new 함수를 이용하여 생성자 함수가 유후 공간을 할당하는 것을 보이고 있다.

프로그램 5-6

```
#include <iostream>
#include <string.h>
using namespace std;
class student
{
    private:
        int score;
        char *name;
    public:
        student (int s, const char *str);           // 함수 선언
        void Show(){cout << score << "->" <<name << endl;}
```

```
};
student::student(int s, const char *str)  // 함수 정의
{
    name = new char[strlen(str)+1];      // 공간 할당
     strcpy(name, str);
     score = s ;
  }
void main()
{
    student ss1 (10, "GD Hong");         // 생성자 함수 실행
    student ss2 (20, "Shim");            // 생성자 함수 실행
    ss1.Show();                          // 멤버 함수 실행
    ss2.Show();                          // 멤버 함수 실행
}
```

◆ 실행결과

```
10->GD Hong
20->Shim
```

설명 메인에서 ss1 객체를 생성하면 우선 메모리 공간이 할당되고 ss1이라는 이름을 부여하게 된다. 그리고 생성자를 호출하게 되는데 생성자 내에는 new에 의한 동적 메모리가 선언되어 있으므로 ss1의 문자열 길이를 계산해서 그 크기만큼 메모리 공간을 할당하고 문자열을 복사하게 된다. 따라서 매우 효율적인 메모리 공간을 사용하는 예라 하겠다.

5.2 소멸자

소멸자(Destructor)는 클래스 내의 변수들을 종료시키는데 사용되며, 주로 생성자에 의하여 할당된 동적 공간의 회수용으로 이용된다. 소멸자 함수는 함수 이름이 틸드(~)와 클래스 이름으로 된 것을 의미하며, 객체가 선언된 블록이 종료되는 시점에 실행된다.

소멸자에 대한 특징은 다음과 같다.

- 함수이다.
- 클래스 이름 앞에 기호 틸트 ~가 붙는다.
- 리턴 형이 없고 리턴도 되지 않는다.
- 매개 변수를 받지 못하고 중복도 불가능하다.

모든 객체는 생성과정과 동일하게 우선 소멸자 호출과 다음으로 메모리 해제라는 과정을 거치게 된다.

생성자에서 new라는 동적 메모리를 설정했을 경우에는 소멸자에서 delete 연산자를 수행할 수 있도록 소멸자에 정의하게 되는데 다음 예제의 소멸자에서 알 수 있다.

프로그램 5-7

```
#include <iostream>
#include <string.h>
using namespace std;
class student
{
private:
    int score;
    char *name;
public:
    student (int s, const char str[]);          // 생성자
    ~student () {                               // 소멸자
            cout << "소멸자 실행 \n" ;
            delete []name;
    }
    void Show() {cout << name << "->" << score << endl;}
};
student::student (int s, const char str[])
{
    cout << "생성자 실행 \n" ;
    name = new char[strlen(str)+1];
    strcpy(name, str);
    score = s;
}
int main()
```

```
{
    student ss1 (10, "Gil-Dong");          // ss1의 생성자 실행
    student ss2 (20, "Gil-Ye");            // ss2의 생성자 실행
    ss1.Show();
    ss2.Show();
    return 0;              // 리턴과 동시에 ss1, ss2의 소멸자 실행
}
```

◆ 실행결과

```
생성자 실행
생성자 실행
Gil-Dong->10
소멸자 실행
소멸자 실행
```

설명 생성자 함수는 입력된 'str' 문자열을 보관하기 위하여 new연산자를 이용한 'str'+1 만큼의 공간을 확보하며, 이 공간은 소멸자 함수의 delete 연산자에 의하여 해제된다. 이와 같이 소멸자 함수에서는 생성자 함수에 의하여 할당된 공간을 해제하는 것이 주요한 역할의 하나이다. ss1과 ss2의 경우 return과 동시에 소멸자 함수가 실행되며 객체가 소멸된다. 만약 main의 type이 void인 경우는 main이 종료되는 시점에서 소멸자 함수가 실행된다.

다음은 디폴트(Default) 소멸자를 알아본다. 이는 간단히 말해서 프로그래머가 클래스내에 소멸자를 정의해 주지 않았을 경우에 자동적으로 소멸자가 삽입되는 것을 말한다. 다음 두 클래스는 같다고 보면 된다.

```
class Person
{
   char *name;
   int age;
public :
   void Set(){....}
    ...
}
```

↔

```
class Person
{
    char *name;
    int age;
public :
    Person(){}
   ~Person()({}
    void Set(){...}
    ...
}
```

왼쪽의 클래스는 자동으로 디폴트 생성자와 소멸자가 삽입되게 되며 오른쪽 클래스는 정의가 되어 있기 때문에 있는 그대로 실행된다. 왼쪽의 클래스에 삽입될 디폴트 내용은 오른쪽에 정의된 생성자와 소멸자 내용과 동일하다.

5.3 복사 생성자

5.3.1 복사 생성자의 형식

복사 생성자는 생성자의 중복에서 출발한다고 보면 된다. 생성자에서 자기 자신의 레퍼런스형의 매개변수를 갖는 경우에 이를 복사 생성자(copy constructor)라고 한다. 그 형식은 다음과 같다.

```
클래스명(클래스명 & 변수명)
```

(& ← 레퍼런스)

5.3.2 디폴트 복사 생성자

디폴트 복사 생성자를 설명하기 위해서 우선 예제 프로그램을 하나 들어보자.

프로그램 5-8

```
#include <iostream>
using namespace std;
class Data
{
private:
    int a, b;
public:
    Data(int x, int y){
        a = x;
        b = y;
      }
    ~student ();
    void Show(){
          cout << "a=" << a << endl;
          cout << "b=" << b << endl;
       }
    };
  void main()
  {
        Data d1(10, 20);
        Data d2(d1);
        d1.Show();
        d2.Show();
  }
```

◆ 실행결과

```
10, 20
10, 20
```

설명 객체 d2는 객체 d1을 매개 변수로 하기 때문에 d2가 가리키는 번지수가 동일하다. 이 경우에는 클래스 내에서 생성자를 정의하지 않았을 경우 디폴트 생성자가 자동적으로 만들어져 삽입되는 것과 같이 복사 생성자도 디폴트 복사 생성자가 만들어져 실행된다. 디폴트 복사 생성자는 다음과 같이 만들어 질 것이다.

```
Data(const Data &d)
  {
        ..........
  }
```

복사 생성자에 대하여도 디폴트 생성자를 생각해서 다음과 같이 프로그램을 작성해 보자. 프로그램에서 복사 생성자에 const는 데이터를 수정하지 않겠다는 것으로 생략해도 된다. 단 &는 생략할 수 없다.

다음은 복사 생성자를 삽입하여 다시 작성한 프로그램 예이다.

프로그램 5-9

```
#include <iostream>
using namespace std;
class Data
{
private:
    int a, b;
public:
    Data(int x, int y){
        a = x;
        b = y;
      }
    Data(const Data &d){      // 복사 생성자
        a = d.a;
        b = d.b;
      }
    ~student ();
    void Show(){
        cout << "a=" << a << endl;
        cout << "b=" << b << endl;
      }
  };
void main()
  {
```

```
        Data d1(10, 20);
        Data d2(d1);
        d1.Show();
        d2.Show();
    }
```

◆ 실행결과

```
10, 20
10, 20
```

설명 프로그램에서 복사 생성자를 정의해 넣었다. 결과는 디폴트 생성자의 경우와 동일한 결과를 얻는다. 디폴트 복사 생성자는 동적 메모리 할당 new 지정자를 사용하는 경우에는 반드시 복사 생성자를 정의해 주어야 된다. 그 이유를 다음 예제에 나타낸다.

다음은 동적 메모리 할당의 경우에 복사 생성자를 생략할 수 없음을 이해하기 위한 예제이다.

프로그램 5-10

```
#include <iostream>
#include <string.h>
using namespace std;
class student
{
private:
    char *name;
    char *juso;
public:

    student (char *n, char *j);
    ~student ();
    void Show() {
            cout << name << "->" << name << endl;}
```

```
            cout << juso << "->" << juso << endl;}
};

student::student (char *n, char *j)
{
    name = new char[strlen(n)+1];
    strcpy(name, n);
    juso = new char[strlen(j)+1];
    strcpy(juso, j);
  }

student::~student(){
       delete []name;
       delete []juso;
  }

int main()
{
    student ss1 ("Gil-Dong", "seoul");       // ss1의 생성자 실행
    student ss2 (ss1);                       // 객체 ss1 매개변수

    ss1.Show();
    ss2.Show();
    return 0;
 }
```

◆ 실행결과

```
에러 발생으로
실행 중단
```

설명 우리가 예상하는 결과는 Gil-Dong->seoul을 반복해서 두 번 출력하는 것을 기대하지만 에러가 발생한다. 이런 이유를 다음에 설명하고 해결책을 제시한다.

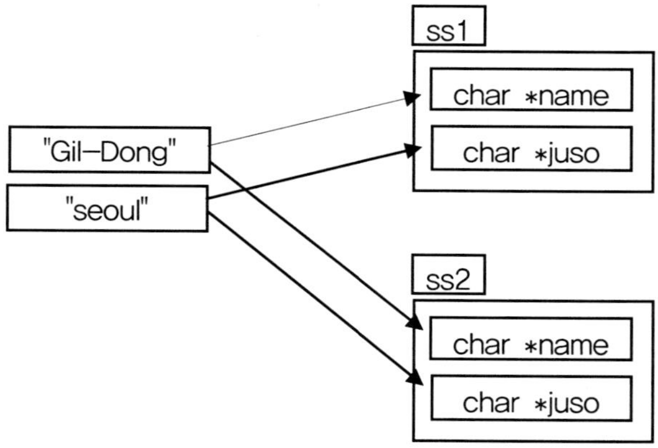

그림 5-1 디폴트 복사 생성자의 경우 객체 생성 과정

객체가 생성될 때에는 상기 그림과 같이 문제없이 같은 데이터로 초기화가 이루어진다. 그러나 객체가 소멸될 때에는 객체 생성과 반대로 순서로 소멸자를 호출하게 된다. 따라서 ss2를 먼저 호출하고 ss1을 나중에 호출한다.

여기서 문제가 발생되는데 ss2 객체의 소멸자를 호출하면 name과 juso가 가리키는 메모리 공간이 해제되어 사라지게 된다. 즉 그림에서 ①이 소멸된다. 그 다음 차례인 ss1 객체를 소멸하기 위해서 소멸자를 호출하면 name과 juso의 메모리 공간을 해제하려고 해도 이미 다음 그림과 같이 사라진 뒤이다. 즉 그림에서 ②의 점선과 같이 지우려 해도 name과 juso가 없다. 따라서 에러를 발생하게 된다. 이를 해결하기 위해서는 반드시 복사 생성자를 생략하지 말고 정의해줘야 된다.

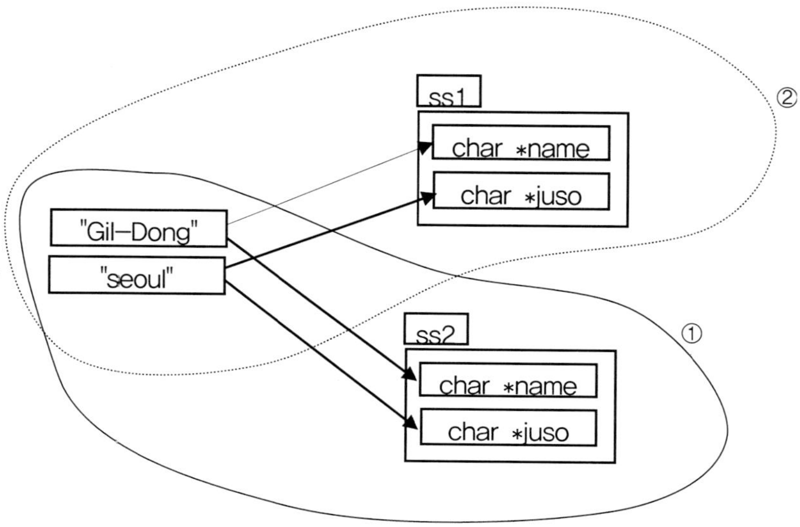

그림 5-2 디폴트 복사 생성자의 경우 객체 소멸 과정

복사 생성자에 의하여 그림 5-3과 같이 ss2에도 동일하게 “Gil-Dong”, “seoul”을 복사해 두었다.

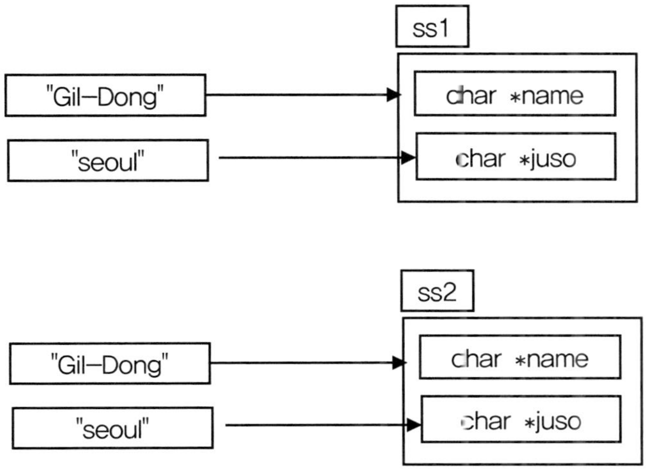

(a) 객체의 생성과정

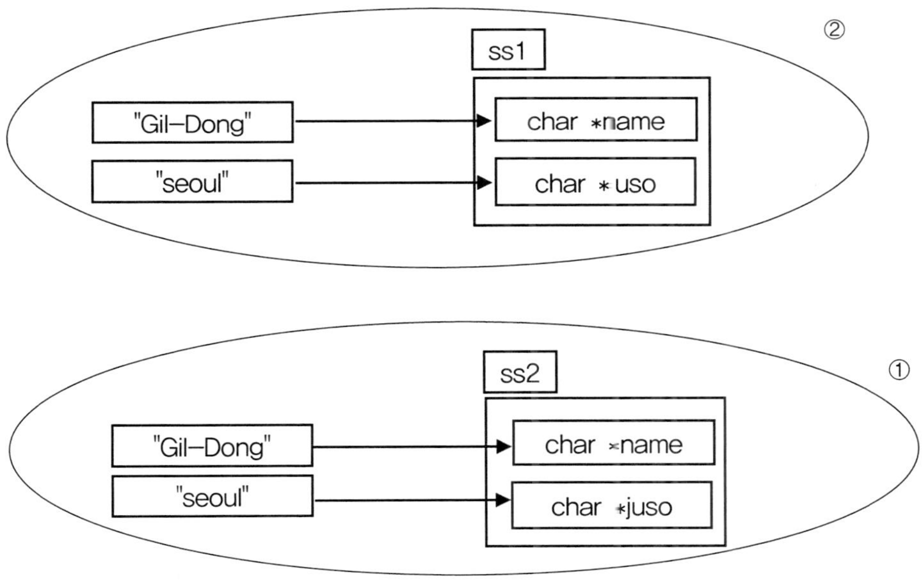

(b) 객체의 소멸 과정

그림 5-3 복사생성자의 객체 생성 및 소멸 과정

복사 생성자에 의한 객체 생성의 경우에 객체가 소멸하는 경우를 그림 5-3(b)에 나타낸다. ①에서와 같이 ss2 객체가 소멸되고 소멸자에 의해서 name과 juso 멤버가 소멸해도 ②에서와 같이 ss1에 복사되어 보관된 name과 juso 멤버가 존재하고 있기 때문에 문제없이 ss1 객체의 소멸자 역할인 delete 기능을 수행할 수 있게 된다. 다음 프로그램은 복사 생성자를 정의하는 경우의 예이다.

프로그램 5-11

```
#include <iostream>
#include <string.h>
using namespace std;
class student
{
private:
    char *name;
    char *juso;
public:

    student (char *n, char *j);
    student(const student &s);
    ~student ();
    void Show() {
              cout << name << "->" << name << endl;}
              cout << juso << "->" << juso << endl;}
};
student::student (char *n, char *j)
{
    name = new char[strlen(n)+1];
    strcpy(name, n);
    juso = new char[strlen(j)+1];
    strcpy(juso, j);
  }
student(const student &s)     // 복사 생성자
  {
   name = new char[strlen(s.name)+1];
   strcpy(name, s.name);
   juso = new char[strlen(s.juso)+1];
   strcpy(juso, s.jujso);
  }
```

```
student::~student(){
      delete []name;
      delete []juso;
  }
int main()
{
    student ss1 ("Gil-Dong", "seoul");       // ss1의 생성자 실행
    student ss2 (ss1);                       // 객체 ss1 매개변수
    ss1.Show();
    ss2.Show();
    return 0;
 }
```

◆ 실행결과

```
name->Gil-Dong
juso->seoul
name->Gil-Dong
juso->seoul
```

설명 복사 생성자에 의해서 원하는 실행결과를 얻을 수 있었다. 이러한 복사 생성자를 깊은 복사(deep copy)라고 한다. 이에 비해 앞의 예에서처럼 디폴트 복사 생성자를 얕은 복사(shallow copy)라고 한다.

5.4 this 포인터

this 포인터는 임의의 객체가 자기 자신을 가리키는데 사용되는 포인터로서, 다음과 같은 특징을 갖는다.

- 시스템이 자동적으로 만들어 준다.
- 멤버 함수가 호출될 때 해당되는 객체의 주소를 기억한다.
- static으로 정의되지 않은 멤버 함수에서만 이용 가능하다.

다음 프로그램을 통해서 this 포인터를 이해할 수 있다.

프로그램 5-12

```
#include <iostream>
#include <string.h>
using namespace std;
class student
{
private:
    int id;
    char name[20];
public:
    student (int i, char *n){
        id = i;
        stcpy(name, n);
       }                    // 초기화
    void Show() {
        cout << "id=" << this->id << endl;
        cout << "name=" << this->name << endl;
        cout << "address=" << this << endl;
        }
};
void main()
{
    student Hong(10000, "Gil-Dong");
    Hong.Show();
    cout << "객치 Hong 주소:" << &Hong << endl;
    cout << endl;
    student Shim(11000, "Cheong");
    Shim.Show();
    cout << "객체 Shim 주소:" << &Shim << endl;
}
```

◆ 실행결과

```
id=10000
name=Gil-Dong
address=0x1234dda
객체 Hong 주소:0x1234dda

id=12000
name=Cheong
address=0x1234ddb
객체 Shim 주소:0x1234ddb
```

설명 생성자 함수인 student (int i, char *n)는 id와 name 값을 초기화하기 위한 것으로 id = i, name = n 의 값이 대치된다. Show() 함수는 id와 name 그리고 객체 자신의 포인터 this를 출력한다. 따라서 Hong 객체의 주소를 가리키는 this 포인터와 Shim 객체를 가리키는 this 포인터를 사용하여 가리키는 주소를 나타낸다. 또한, main에서 객체 Hong의 주소와 Shim의 주소를 &를 붙여 출력한 결과도 this 포인터를 이용해서 나타낸 주소와 동일하다.

연습문제

01. 생성자의 주된 용도는 어떤 것인가 설명하라.

02. 생성자의 중복에 대하여 설명하라.

03. 디폴트 생성자 및 디폴트 소멸자에 대하여 설명하라.

04. 소멸자가 실행되는 시점을 설명하라.

05. this 포인터란 무엇이며 그 필요성에 대하여 설명하라.

06. 프로그램 4-12에서 this를 사용하지 않고, 동일한 기능의 프로그램을 작성하라.

06

동적 메모리 할당

6.1 동적 메모리 기본 개념

데이터를 처리하다 보면 데이터의 크기를 알 수 없는 경우가 종종 발생한다. 예를 들어 100개의 사과 숫자를 저장하는 테이블을 작성하기 위해서 1차원 배열의 크기를 고정되게 100개의 공간을 잡아 놓아야 한다. 만약 100개가 넘는 데이터를 저장해야 할 경우에는 200개 혹은 1000개의 공간을 늘려 잡아 놓아야 되지만 사용하다 보면 150개의 데이터만을 사용하게 된다고 할 때 나머지 850개의 메모리는 쓸모없이 잡아 놓은 공간이 되고 만다. 물론 작은 프로그램이나 크지 않은 저장 공간을 필요로 할 경우에는 큰 효과가 없을 수 있지만 프로그램의 규모가 커지거나 메모리를 사용하는 폭이 커지게 되면 메모리를 적게 쓰는 것이 효과적인 프로그램을 하는 방법이다. 그렇다면 메모리 공간이 필요할 때마다 그 크기를 유동적으로 조절할 수 있다면 효과적이지 않을까 해서 등장한 것이 동적 메모리 할당이라 하겠다.

동적 메모리 할당에서 동적이란 말 자체가 뜻하듯이 정적이라는 말과 반대되는 의미로 사용된다. 일반적으로 동적 메모리를 할당하지 않으면 정적 메모리 할당이 된다. 그러면 정적 메모리 할당과 동적 메모리 할당의 근본적인 차이점을 무엇일까? 그것은 바로 프로그램을 실행하기 이전에 메모리의 크기를 정하느냐 실행 중간에 정하느냐에 따라 구별되게 된다.

6.2 동적 메모리 할당 방법

new라는 예약어를 통하여 동적 메모리를 할당할 수 있다. new 예약어 다음에 할당하려는 데이터 형을 지정하고 그 크기를 정하여 실행시에 필요한 메모리 량을 알려 준다.

```
int *p = new int;
```

물론 포인터를 만들면서 int(값)을 넣어서 초기화할 수 있다.

```
int *p = new int(10);
```

동적 메모리를 해제할 때에는 반드시 delete 예약어를 사용하여 해제시켜 주어야 된다. 만약 해제시키지 않으면 동적 메모리가 계속 유지되어 동적메모리의 사용 목적을 저버리게 될 수 있다.

```
delete p;
```

다음은 정수형 데이터를 정적 메모리에 해당되는 배열을 가지고 예를 들어본다. 우선 20개의 크기를 갖는 정수형의 배열을 선언하는 문장을 보겠다. 여기서는 p대신에 Array란 변수명을 사용한다.

```
#include <iostream>
#define 20
using namespace std;
void main()
{
    int Array[MAX];
    Array[0] = 10;
    cout << Array[0] << endl;
}
```

이 경우에 Array[ ]는 100개의 정적 메모리 공간을 차지하게 된다. 또한 define을 사용하지 않고 직접 MAX 대신에 흔히 상수 값을 넣어서 사용하게 되며, 프로그램을 실행하기 전에 충분한 크기를 고려하여 정하게 된다. 그러나 다음과 같이 변수를 사용해서 크기를 정하거나 혹은 값은 입력받아 배열의 크기를 지정하게 되어 에러를 발생하게 된다. 즉 상수만 사용이 가능하다는 것이다.

```
#include <iostream>
using namespace std;
void main()
{
    int MAX = 40;
    int Array[MAX];
    Array[0] = 10;
    cout << Array[0] << endl;
}
```

이러한 프로그램은 에러를 발생한다. 한편, 다음과 같이 배열의 크기를 실행 도중에 정하고 싶어 질 것이다. 즉,

```
#include <iostream>
using namespace std;
void main()
{
    int MAX;
    cin >> MAX;
    int Array[MAX];
    Array[0] = 10;
    cout << Array[0] << endl;
}
```

상수를 필요로 하는 이유에서 위의 프로그램은 당연히 에러를 발생시킬 것이다.

상기와 같이 실행 도중에 배열의 크기를 그 상황에 맞추어 적당한 크기로 조절하여 사용하고자 할 때 동적 메모리 할당의 힘을 발휘하는 것이다.

```
#include <icstream>
using namespace std;
void main()
{
    int MAX;
    int * Array;
    cin >> MAX;
    Array = new int[MAX};
    Array[0] = 10;
    cout << Array[0] << endl;
}
```

이러한 경우 cin에서 40이란 숫자를 입력 받아 Array크기를 40개의 크기를 갖는 동적 메모리로 사용하게 된다. 이것이 정적 메모리에서 할 수 없었던 일을 동적 메모리 할당에서 메모리 크기를 동적으로 정하게 된다.

상기 예제에서 앞에 장에서 new delete에 관해서 선언과 정의는 했기 때문에 별도로 언급하지 않고 사용해 버렸다.

동적 메모리 할당은 자료형과 크기를 정해서 선언된 변수에 할당하게 되는데, 할당된 크기의 메모리 주소를 대입하게 된다. 이 경우에 크게 두 부분으로 나누어 살펴 볼 수 있다.

```
int * Array;
```

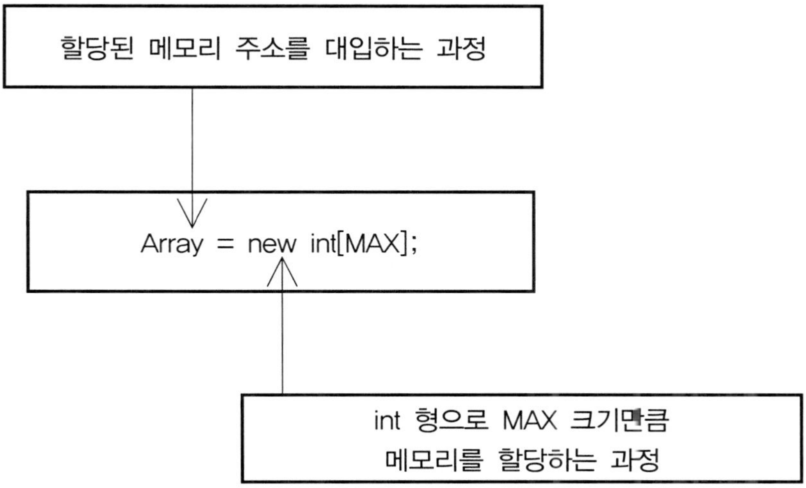

int * Array의 의미는

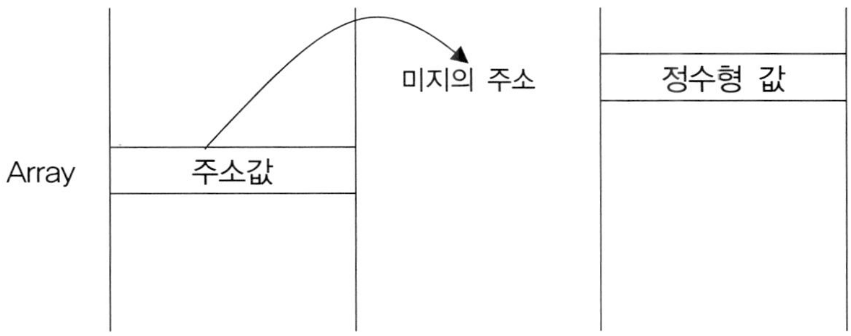


```
int * Array;
Array = new int;
```

메모리 주소값을 가지며 정수형 동적 메모리의 번지를 할당하게 된다.

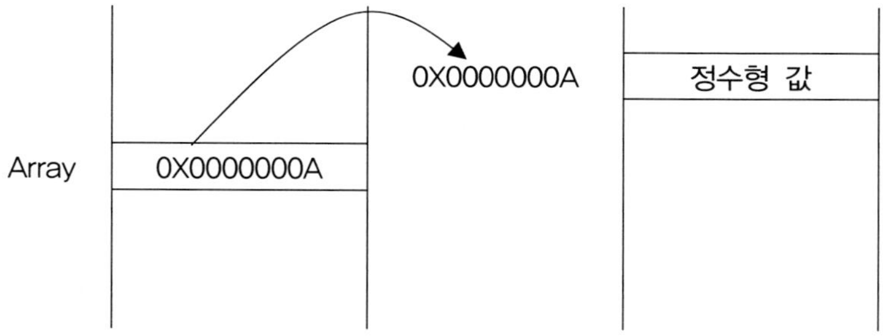


```
int * Array;
Array = new int(100)
```

이 경우는 Array 주소값에 100의 값을 대입하게 된다.

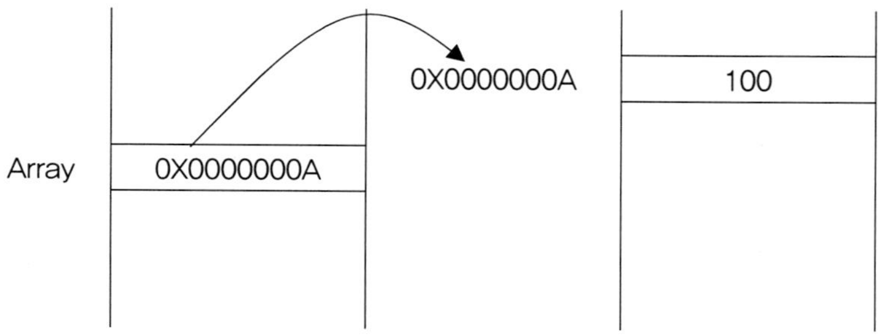


```
int * Array;
Array = new int[5];
```

이 경우는 메모리 주소값을 가지며 정수형 동적 메모리를 5개의 번지를 할당하게 된다.

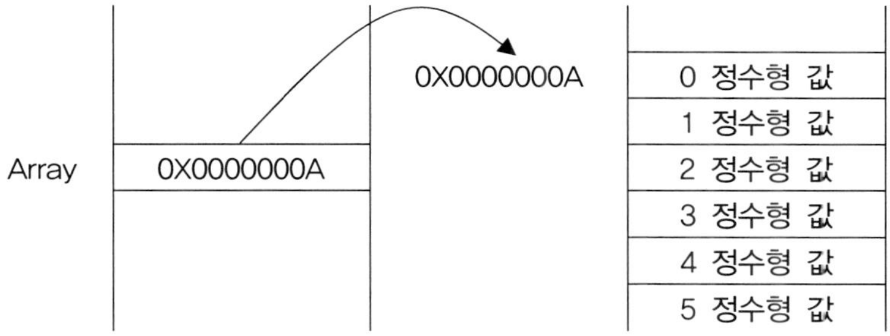

할당된 메모리에 다음과 같이 정수형 데이터 값을 다입한다.

```
int * Array;
Array = new int[5];
Array[0]=100;
Array[1]=200;
Array[2]=300;
Array[3]=400;
Array[4]=500;
```

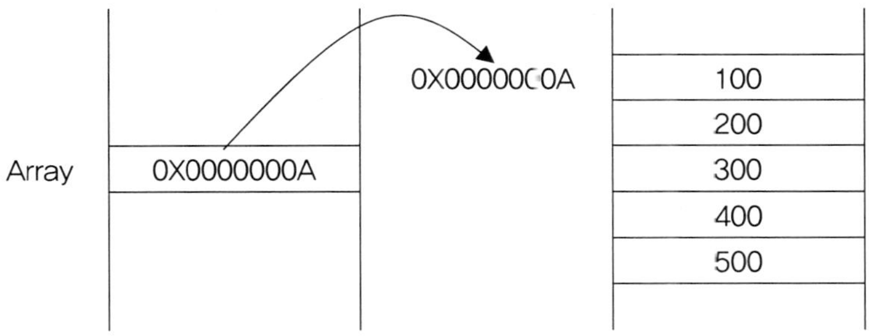


```
delete [ ]Address;
```

할당되었던 메모리를 delete 키워드에 의해 해제시키면 정수형 배열을 다음 그림과 같이 메모리에서 모두 제거한다.

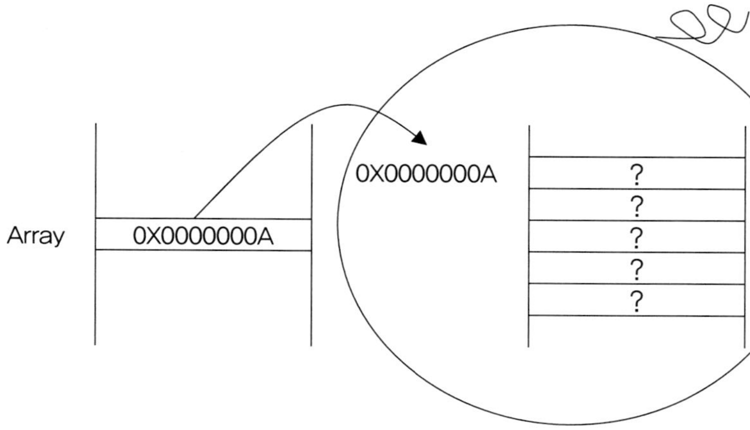

다음은 위에서 설명한 내용을 바탕으로 구체적인 예문을 들어본다.

프로그램 6-1 new 자료형 예

```
#include <iostream>
using namespace std;
void main()
 {
   int *pt;
   pt = new int;                    // ①
   *pt=10;
   cout << "&pt="<<&pt<< endl;
   cout <<"pt="<<pt<<endl;
   cout <<"*pt="<<*pt<<endl;        // ②
   delete pt;
   cout <<"del *pt="<<*pt<<endl;   // ③
  }
```

◆ 실행결과

```
pt=0x0012ff7c
&pt=0x00431c20
*pt=10
del *pt=-572662307
```

설명 ①에서 new int로 정수형 데이터 하나의 메모리 공간을 할당하였다. ②에서는 *pt의 데이터 10을 출력하게 된다. 그리고 ③에서는 delete pt로 할당됐던 메모리 공간이 해제되었기 때문에 임의의 값이 출력되었다.

배열에서 new, delete에 의해 기억장소를 할당하고 할당된 기억장소를 해제하는 경우의 형식은 다음과 같다.

```
int *pt = new int[배열 크기] ;
delete [ ] pt;
```

포인터 *pt가 배열의 크기만큼 메모리 공간이 할당되어 늘어나게 된다. 이의 해제는 delete 다음에 [ ] pt로 한다.

프로그램 6-2 new 자료형 예

```
#include <iostream>
using namespace std;
void main()
{
   int *aa, sum=0;
   aa = new int[3];        // ①
   aa[0]=10;
   aa[1]=20;
   aa[2]=30;

   for(int i=0; i<3; i++)
        sum += aa[i];
   cout << "sum=" << sum <<endl;
   delete [ ]aa;           // ②
}
```

◆ 실행결과

```
sum=60
```

설명 ①에서 new int[3]으로 정수형 배열 3개 방의 메모리 공간을 할당하였다. 포인터 *aa를 배열과 같이 사용하고, 사용 후에 ②에서와 같이 delete []aa로 메모리 공간을 해제하게 된다.

6.3 동적 메모리의 활용

동적메모리의 사용이 변수나 배열을 사용하는 경우를 살펴보았는데 클래스에서 사용하는 경우를 알아본다. new 클래스 명을 사용하여 메모리를 할당하고 delete 객체명을 사용하여 해제시키게 된다. 다음은 객체를 생성하고 동적메모리를 객체에 할당하며 할당된 메모리를 지우는 프로그램 예를 보인다.

프로그램 6-3 new 객체 예

```
#include <iostream>
using namespace std;
class NewObj
 {
      public:
        NewObj();
        ~NewObj(){
                  cout << "Destructor "<< endl;
               }
         void Display();
      private:
          int count;
  };
 NewObj::NewObj()
   {
       count = 10;
        cout << "Call the Class " << endl;
       }
 void NewObj::Display()
    {
        cout << "count: " << count << endl;
```

```
    }

void main()
 {
   NewObj Mouse;                      // ①
   Mouse.Display();
   NewObj * pMos = new NewObj;        // ②
   cout << " Constructor is called by new  : \n" ;
   delete pMos ;                      // ③
  }
```

◆ 실행결과

```
Call the Class
count: 10
Call the Class
Constructor is called by new :
Destructor
Destructor
```

설명 ①에서 객체를 생성하였다. 객체를 생성하면 생성자를 호출한다. 다음에 ②에서는 pMos에 의해 포인트되는 NewObj가 힙에 만들어지면서 생성자가 다시 호출된다. ③에서와 같이 delete pMos에 의해서 메모리공간이 해제되며 소멸자를 호출하게 된다. 함수가 끝나게 되면 Mouse는 끝으로 소멸자를 호출하게 된다.

다음의 예는 new 동적메모리가 클래스의 생성자나 멤버함수 안에서 할당될 수 있고, 클래스의 소멸자 안에서 delete로 삭제될 수 있다.

프로그램 6-4 new 멤버자료 예

```
#include <iostream>
using namespace std;
class NewHouse
 {
  public:
```

```
        NewHouse();
        ~NewHouse();
        int GetValue() const{ return *itsValue;}
        void SetValue(int value){ *itsValue = value;}
    private:
        int *itsValue;
};
NewHouse::NewHouse()
    {
        cout << "Constructor" <<endl;
        itsValue = new int(100);              // ①
    }
NewHouse::~NewHouse(){
        out << "Destructor "<< endl;
        delete itsValue;                      // ②
    }
void main()
 {
     NewHouse *Room = new NewHouse;
     cout << "Room Number is " << Room->GetValue();
     cout << endl;
     Room->SetValue(101);
     cout << "Room Number is " << Room->GetValue();
     cout << endl;
     delete Room;
 }
```

◆ 실행결과

```
Constructor
Room Number is 100
Room Number is 101
Destructor
```

설명 ①에서 성성자의 힙에 초기화된 값을 갖도록 하였고, ②에서는 함수가 끝날 때 소멸자가 호출되며 소멸자내에서 각 멤버의 포인터를 삭제하게 된다.

연습문제

01. new 예약어를 통해 메모리 공간에 동적 메모리를 할당할 수 있다. 그리고 할당되어 사용한 후에 delete 예약어를 사용하여 동적 메모리를 해제하게 되는데 해제된 메모리를 다시 delete 하면 어떤 현상이 일어나는가?

02. 다음은 Null 포인터를 사용하여 delete된 객체를 설정한 뒤 다시 delete 하는 경우에 어떤 결과가 일어나겠는가?

```
People  *pMan = new People;
delete pMan;
   ............
   ............
   ............
 pMan = 0;
 delete pMan;
```

03. 클래스 People를 만들고 객체 pWoman을 생성한다. 그리고 생성된 객체가 전용 멤버 itsAge = 23, itsWeight=50이 설정되도록 프로그램을 작성한다. 이때 전용 멤버는 new 예약어를 사용하여 값이 설정되도록 초기화 한다.

04. 다음 프로그램은 객체 포인터를 만들고 포인터에 값을 대입하고 출력한 이후에 delete 예약어로 메모리를 해제한 이후에 해제된 포인터에 다시 새로운 값을 넣었을 때 새로 만든 객체 포인터와 관계를 알아보기 위한 프로그램이다. 포인터가 사라진 이후에 일어나는 출력결과를 알아보고 문제가 발생하면 그 이유를 확인하라.

```
#include <iostream>
using namespace std;
void main()
 {
  unsigned int uIntValue = new unsinged int;
  *uIntValue = 100;
   cout << "uIntValue="<<uIntValue<<endl;
```

```
     delete uIrtValue;

    unsigned long int uLongValue = new unsinged long int;
    *uLongValue = 200;
    cout << "uLongValue="<<uLongValue<<endl;

   *uIntValue = 300;

    cout << "uIntValue="<<uIntValue<<endl;
    cout << "uLongValue="<<uLongValue<<endl;
    delete uLingValue;
}
```

07

연산자 중복

7.1 연산자 중복 개요

연산자 중복(Operator Overloading)은 함수 중복과 같이 산술연산자(+, −, ...), 관계연산자(〈, 〉, ...) 등을 중복(Overloading)하여 사용하는 것이다. 연산자 중복은 다형성의 한 종류이며, 키워드로 다음과 같이 "operator"를 사용한다.

```
operator type() {......}
```

연산자 중복의 경우, 새로운 연산자를 정의할 수 없고, 연산자에 사용되는 항의 수를 변경하거나 우선순위를 변경시킬 수 없다. 또한 ., *, ::, ?: 는 연산자 중복에 사용할 수 없다. 그러나 이러한 연산자는 사용할 일이 거의 없으므로 신경 쓰지 않아도 된다.

프로그램 7-1 int 중복 사용의 예

```
#include <iostream>
using namespace std;
class student
{
private:
    int id;
    float score;
public:
    student (int i, float s) { id = i; score = s;}
    void Display() { cout << id << ": "<< score << endl;}
    operator int() {return ( (int) score);}        // int는 키워드
};
void main ()
{
    student sss(12345, 95.4);
    sss.Display();
    cout << id << " = " << int(sss) << endl;
                                                  // int는 멤버함수
}
```

◆ 실행결과

```
12345: 95.4
95
```

설명 'student' 클래스에서 int() 라는 멤버 함수를 public으로 정의하고 있는데, 앞에 operator라는 연산자 표시가 되어 있음을 알 수 있다. 따라서 기존의 키워드로 사용하고 있는 'int' 새로이 중복이 되는 기능을 추가로 정의하고 있음을 알 수 있다. int () 함수 안의 return 문장 안에 표시된 'int'는 형 변환 기능을 수행하는 키워드 자체를 의미한다. main () 문장의 마지막 줄에 표시된 int (s)에서의 'int'는 'student' 클래스에서 정의된 멤버함수를 의미한다.

7.2 단항 연산자 중복

단항 연산자로 ++, --, & 등을 들 수 있으며 단항 연산자 중복 형식은 다음과 같다.

```
type operator 연산자 이름( )
        {......}
```

다음 프로그램은 단일 연산자 '++' 에 중복 기능을 부여함으로써, 원래의 기능 이외에 추가적인 기능을 수행하는 것을 설명하고 있다.

프로그램 7-2

```
#include <iostream>
using namespace std;
class Add
{
private:
    int itsX;
public:
```

```
    Add(int x) { itsX = x; }
    void Display() { cout << itsX << endl;}
    Add inc() { itsX += 1; return (*this);}
    Add operator++();
};
Add Add::operator++(){
        itsX += 10;
        return(*this);
       }

void main ()
{
    Add a1(100), a2(200);
    a1.Display();
    a2.Display();
    ++a1;
    a2.operator++();
    a1.Display();
    a2.Display();
    a1.inc();
    a2.inc();
    a1.Display();
    a2.Display();
}
```

◆ 실행결과

```
100
200
110
210
111
211
```

설명 'inc' 멤버 함수의 경우는 값을 하나만 증가하도록 정의되어 있다. 그러나 'operator'를 사용하여 정의된 '++' 함수는 원래의 의미와는 다르게 10 만큼 증가하도록 정의하였다. 'a1'과 'a2' 변수에 각각 100과 200을 대입한 후, 정의된 '++' 연산자를 사용하여 연산을 수행하였다. 이때 'a1'과 'a2'의 유형이 'Add' 클래스이기 때문에 '++'의 원래 기능인 1 값 증가 대신에 새로 정의된 10의 값만큼 증가하게 된다. 다시 inc() 함수를 호출하는데, 이 함수는 1의 값만큼만 증가하도록 정의되었기 때문에 1이 증가함을 알 수 있다.

프로그램 7-3

```
#include <iostream>
using namespace std;
class Add
{
private:
    int itsX;
public:
    Add(int x): itsX(x) { }
    void Display() { cout << itsX << endl;}
    void operator+(int a);
};
void Add::operator+(int a){
         itsX += a;
       }

void main ()
{
    Add s(2), ss(3);
    s.Display();
    s.operator+(10);        // ①
    s.Display();
  //-----------------------
    ss+5;                   // ②
    ss.Display();
}
```

◆ 실행결과

```
2
12
8
```

설명 'operator'를 사용하여 정의된 '+' 함수는 전달되는 인수 a와 생성자에 의해서 초기화된 값 itsX와 더하도록 정의하였다. // ① //에서 s객체의 operater+ 함수를 호출하면서 인수 10을 전달하고 있다. 그리고 // ② //에서는 ss+5 이지만 사실은 ss.operator+(5)와 같은 역할을 한다. 이들 관계를 다음 그림에 나타낸다.

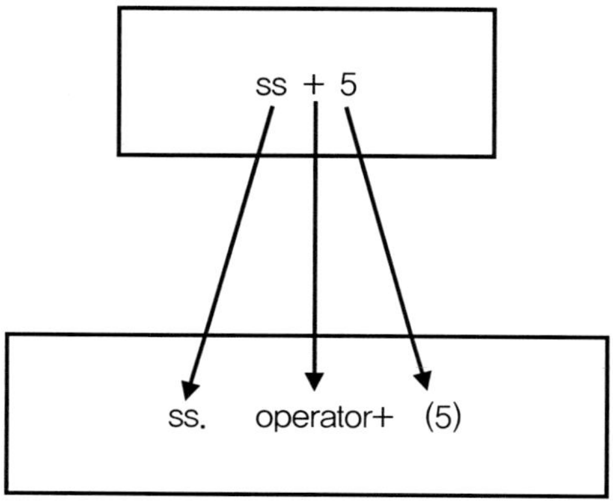

다음은 '+' 연산자 이외에 '−', '*', '/'에 대하여 프로그램을 작성하는 예를 보인다.

프로그램 7-4

```
#include <iostream>
#include <conio.h>
using namespace std;
class Calculator {
     float integer;        // 정수부분
     float decimal;        // 소수부분
  public:
     Calculator();
     Calculator(float i, float d);
```

```
                                // ① 단항 연산자 중복
    Calculator operator+(Calculator r);
    Calculator operator-(Calculator r);
    Calculator operator*(Calculator r);
    Calculator operator/(Calculator r);

    void display();
  };
Calculator::Calculator()
  {
    integer=0.0;
    decimal=0.0;
  }
Calculator::Calculator(float i, float d)
  {
    integer=i;
    decimal=d;
  }
Calculator Calculator::operator+(Calculator r)
  {
    Calculator part;
    part.integer=this->integer + r.integer;
    part.decimal=this->decimal + r.decimal;
    return part;
  }
Calculator Calculator::operator-(Calculator r)
  {
    Calculator part;
    part.integer=this->integer - r.integer;
    part.decimal=this->decimal - r.decimal;
    return part;
  }
Calculator Calculator::operator*(Calculator r)
  {
    Calculator part;
    part.integer=this->integer * r.integer;
    part.decimal=this->decimal * r.decimal;
    return part;
```

```
  }
Calculator Calculator::operator/(Calculator r)
  {
    Calculator part;
    part.integer=this->integer / r.integer;
    part.decimal=this->decimal / r.decimal;
    return part;
  }
void Calculator::display()
  {
    cout<<"integer : "<<integer<<" "
        <<"decimal : "<<decimal<<endl;
  }
void main(void)
  {
    Calculator cal1(30, 30), cal2(15, 17), add, sub, mul, div;
    add = cal1 + cal2;     // ② 단일 연산자 적용
    sub = cal1 - cal2;
    mul = cal1 * cal2;
    div = cal1 / cal2;
    cout<<"더한 결과: "; add.display();
    cout<<"뺀    결과: "; sub.display();
    cout<<"곱한 결과: "; mul.display();
    cout<<"나눈 결과: "; div.display();
  }
```

◆ 실행결과

```
더한 결과 : integer : 45 decimal : 47
뺀    결과 : integer : 15 decimal : 13
곱한 결과 : integer : 450 decimal : 510
나눈 결과 : integer : 2 decimal : 2.76471
```

설명 ①의 단항 연산자 중복 부분에서 +, -, *, / 사칙 연산에 대한 단항 연산자 함수를 중복해서 정의하였다. 이들 각각의 함수 정의를 통하여 main()함수 내 ②에서 단일 연산자를 적용하여 계산을 수행하고 출력한다.

7.3 이중 연산자

이중 연산자를 사용하여 중복을 하는 경우의 예는 다음과 같다.

프로그램 7-5

```
#include <iostream>
using namespace std;
class Plus
{
  public:
   Plus (int x) { itsX = x; }
   void print () { cout << itsX << endl;}
  private:
    itsX;
};
Plus operator+(Plus p1, Plus p2)
{
   return (p1.itsX + p2.itsX);              // '+'는 C++ 연산자
}
void main ()
{
   Plus data1(100), data(200);
   Plus data = data1 + data2;               // +: 중복 연산자
   data.print();
}
```

◆ 실행결과

```
300
```

설명 '+' 연산자에 대하여 비멤버 함수로 중복을 시킨 예로, 새로이 추가된 기능은 두 개의 인수 값을 더해준다.

data1+data2는 사실 data1.operator+(data2)와 같은 역할을 한다. 이들 관계를 다음 그림에 나타낸다.

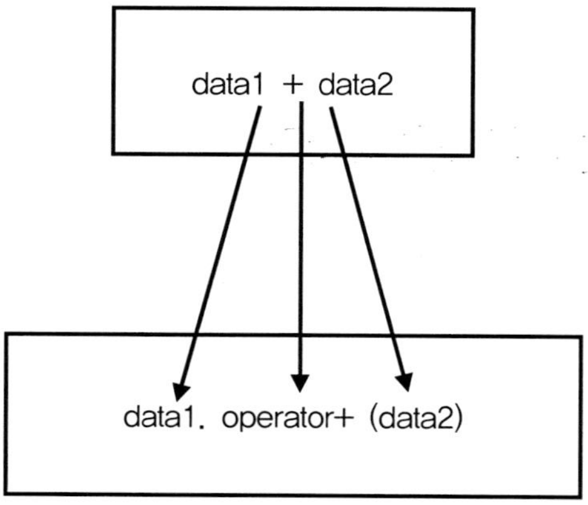

프로그램 7-6

```
#include 〈iostream〉
using namespace std;
class Plus
{
  public:
   Plus (int x) { itsX = x; }
   void print () { cout 〈〈 itsX 〈〈 endl;}
  private:
    itsX;
};
Plus operator+(Plus& p1)
{
   Plus pls(itsX+p1.itsX);
   return (pls);          //  '+' 는 C++ 연산자
}
void main ()
{
   Plus data1(100), data(200);
   Plus data = data1 + data2;          // +: 중복 연산자
   data.print();
}
```

◆ 실행결과

```
300
```

설명 실행결과는 앞의 프로그램 예와 같다. 프로그램에서는 data 객체를 생성하는데 있어서 복사 생성자의 호출을 의미한다. operator+ 멤버 함수에서 리턴 값으로 pls 객체를 되돌려 준다.

연습문제

01. 단항 연산자 중복에 대하여 설명하라.

02. 이항 연산자 중복에 대하여 설명하라.

03. 프로그램 5-3을 변형하여 a2.operator-- 연산자를 수행하는 경우 10 만큼 감소하도록 하는 프로그램을 작성하라.

04. 함수 중복은 함수의 이름이 같아도 전달 인수에 따라 호출되는 함수가 달라진다. 연산자 중복도 함수 중복과 같이 설명할 수 있는가?

05. 프로그램 5-4와 프로그램 5-5의 예제를 이용하여 -- 연산자 수행을 위한 프로그램을 작성하라.

08

상속

C++ 언어의 가장 큰 특징 중 하나는 프로그램 재사용성과 확장성이 뛰어나다는 점이다. 즉, 새로운 클래스를 정의할 때 기존의 정의된 클래스를 가져와 사용할 수 있다.

다른 클래스의 속성을 그대로 이용하는 방법에는 상속(inheritance)과 포함(containment)의 두 가지 방법이 있다.

- 상속은 다른 클래스에서 정의된 멤버를 그대로 이어 받아 사용하는 것이다.
- 포함은 다른 클래스를 자신의 멤버로 정의하여 사용하며, 다른 클래스를 멤버로 포함하고 있는 클래스를 컨테이너(container) 클래스라고 부른다.

8.1 상속의 개념

상속의 개념을 이해하기 위해서 Professor와 Student 클래스를 예로 들어보자.

Professor의 멤버로 나이(age), 이름(name), 직번(id)이 있고, Student의 멤버로 나이, 이름, 학번(s_id)이 있다고 가정하면, 멤버들 중에서 나이, 이름은 공동멤버이다. 따라서 공동멤버를 중복해서 정의하지 말고 별도의 클래스로 두고, Professor 클래스와 Student 클래스가 공동멤버를 가져다 쓰면 된다. 여기서 공동되는 멤버만 모아서 Person 클래스를 만들고, Professor 클래스와 Student 클래스는 Person 클래스로부터 상속을 받는다고 하자.

이들 관계 중에서 Person 클래스와 Student 클래스의 관계만을 다음 그림에 나타낸다.

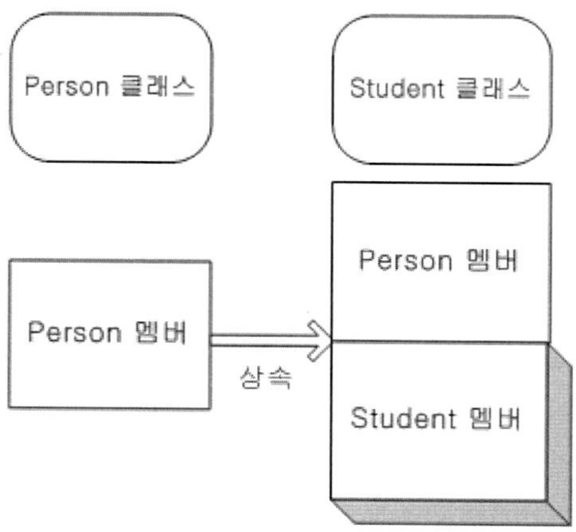

그림 8.1 상속에 의한 클래스 인스턴스의 상호관계

이와 같은 경우 Student 클래스는 Person 클래스로부터 상속 또는 파생되었다고 한다.

상속에서 Person 클래스와 같이 원래 있던 클래스를 베이스 클래스(base class)라고 하고, 이로부터 파생된 클래스를 파생 클래스(derived class)라고 부른다. 이외에도 다음과 같이 여러 가지로 부르는 경우가 있다.

- 베이스 클래스: 모 클래스(parent class), 상위 클래스(superclass)
- 파생 클래스: 자 클래스(child class), 하위 클래스(subclass)

8.2 파생 클래스의 선언 방법

베이스 클래스(Base class)로부터 파생 클래스(Derived class)를 선언하는 기본 형식은 다음과 같다.

```
class Derived : public Base
{
// 파생 클래스의 멤버 정의
};
```

상속의 유형(type)을 나타내는 키워드에는 공용(public), 보호(protected), 전용(private) 세 가지가 있으며, 이 키워드를 접근 제어자(access specifier)라고 부른다. 이 중에서 공용 상속이 가장 많이 쓰인다.

Person 클래스를 베이스로 하여 Student 파생 클래스를 정의하여 보자.

프로그램 8-1 공용 상속

```
#include <iostream>
using namespace std;
class Person                          // 베이스 클래스
{
public:
      void GetData(int, char*) ;      // 멤버함수
```

```
        void ShowData();
    private:
        int itsAge;
        char name[20];
    };
    void Person::GetData(int age, char *n)
      {
        itAge = age;
        strcpy(name, n);
      }
    void ShowData(){
          cout << "age="<<itAge << endl;
          cout << "name="<<name << endl;
        }
    class Student: public Person    // 파생 클래스
    {
    public:
        void idData(int);
         void idShowData();
    private:
         int itsSid;
    };
    void Student::idData(int id){
          itsSid = id;
        }
    void Student::idShowData(){
          cout <<"Sid="<<itsSid << endl;
        }
    void main()
    {
          Student s1;
          s1.GetData(20, "홍길동 ");
          s1.ShowData();
          s1.idData(20012);
          s1.idShowData();
    }
```

◆ 실행결과

```
age=20
name=홍길동
Sid=20012
```

설명 Person 클래스는 멤버함수로 GetData(int, char*), ShowData(), 멤버변수 itsAge를 가지며, Student 클래스는 멤버함수로 idGetData(int), idShowData(), 그리고 멤버변수 itsSid를 갖는다. Student 클래스는 Person 클래스로부터 public 형의 상속을 받았다. 따라서 Student 클래스는 자신의 멤버(멤버함수 및 멤버변수) 외에 Person 클래스에서 정의된 멤버도 자신의 멤버로 사용할 수 있다.

프로그램 8-2 볼링게임

```
#include<iostream>
#include<string.h>
#include<conio.h>
using namespace std;

// 회원 클래스
class Number {
  private:
    char name[10];
    char older[10];
  public:
    void Data(char *, char *);
    void Display();
};
void Number::Data(char *n, char *o)
  {
    strcpy(name, n);
    strcpy(older, o);
  }
void Number::Display()
  {
```

```
    cout<<"이름: "<<name<<"\t"
        <<"나이: "<<older<<endl;
  }

// 성적추가 파생클래스
class Game : public Number  {
  private:
    int itsA;
    int itsB;
    int itsC;
  public:
    void Data_Game(int, int, int);
    void Display_Game();
};
void Game::Data_Game(int a, int b, int c)
  {
    itsA = a;
    itsB = b;
    itsC = c;
  }
void Game::Display_Game()
  {
    cout<<"itsA : "<<itsA<<"\t"
        <<"itsB : "<<itsB<<"\t"
        <<"itsC : "<<itsC<<endl;
  }
void main(void)
  {
    Game Player1, Player2;
    Player1.Data("최우대, "22");
    Player2.Data("권오웅, "25");
    Player1.Display();
    Player2.Display();
    cout<<"점수추가<<endl;
    Player1.Data_Game(106, 99, 70);
    Player2.Data_Game( 90,100, 90);
    Player1.Display();
```

```
    Player1.Display_Game();
    Player2.Display();
    Player2.Display_Game();
}
```

◆ 실행결과

```
이름 : 최우대 나이 : 22
이름 : 권오웅 나이 : 25
점수추가
이름 : 최우대 나이 : 22
itsA : 106 itsB : 99 itsC : 70
이름 : 권오웅 나이 : 25
itsA : 90  itsB :100 itsC : 90
```

설명 이 프로그램에서는 회원을 인적사항을 나타내는 Number 클래스가 기본 클래스로 주어졌다. 기본 클래스로부터 상속받은 성 Game 클래스는 성적을 추가하는 기능을 담당한다. 클래스 Game은 Player1과 Player2의 객체를 생성하여 각 객체가 기본 클래스 Number의 멤버인 Game()과 Display()를 호출하고, 또한 상속받은 파생클래스 Game의 멤버인 Data_Game()과 Display_Game()을 호출하여 사용하고 있다.

8.3 상속의 유형

상속의 유형(type)에는 public(공용), protected(보호), private(전용) 세 가지 종류가 있다. 상속 유형은 상속에서 멤버의 접근 권한을 제어하기 위한 것으로, 파생 클래스가 베이스의 멤버를 접근할 수 있는 범위가 상속유형에 따라서 결정된다. 이들의 관계를 아래 표에 정리하였다.

표 8.1 접근 제어자별 파생 클래스에 적용되는 유형

베이스 클래스 멤버 유형	파생 클래스 접근제어자		
	public	protected	private
public	○	○	○
protected	○	○	×
private	×	×	×

베이스의 전용멤버는 어느 경우에도 파생 클래스가 접근할 수 없다. 참고로 클래스에서 멤버 유형에 따른 멤버함수와 객체의 접근 범위는 다음과 같다.

- 공용멤버: 멤버함수 및 객체 모두 접근 가능
- 보호멤버: 멤버함수만 접근 가능
- 전용멤버: 멤버함수만 접근 가능 (상속 불가)

공용상속의 개념과 사용법은 앞에서 설명하였으므로, 보호상속과 전용상속에 대하여 살펴보도록 한다.

8.3.1 보호 상속

보호 상속(Protected Inheritance)의 경우 베이스 클래스의 공용 및 보호 멤버는 파생 클래스에서 보호 멤버로 취급된다. 따라서 파생 클래스의 멤버함수는 베이스 클래스의 멤버를 접근할 수 있지만 파생 클래스의 객체는 베이스 클래스의 멤버를 접근할 수 없게 된다. 즉, 파생 클래스의 객체는 베이스 클래스의 인스턴스가 아니게 되어 "is a" 관계가 성립하지 않는다. 보호상속의 예를 다음 프로그램에 보인다.

프로그램 8-3

```
#include <iostream>
using namespace std;
class AA    // 베이스 클래스
{
  public:
```

```
    int GetAA( int a ){              // 멤버함수
        itsAA = a;
        return itsAA;
      }
    void ShowAA() const {cout<<"AA 클래스!"<<endl;}
  private:
    int itsAA;
};
class BB : public AA               // 공용 상속
{
  public:
    int  GetBB(int b){             // 멤버함수
        itsBB = b;
        return itsBB;
      }
    void Display() {cout<<"BB is derived from AA"<<endl;}
    void ShowBB() const
            {cout<<"BB: 보호상속 "<<endl;
            ShowAA();}
  private:
    int  itsBB;
};
class CC : protected BB            // 보호 상속
{
  public:
    void ShowCC() const            // 멤버 함수
    {
            cout<<"CC : 보호상속 "<<endl;
            ShowAA();
    }
};
void main()
{
    BB bbb;
    CC ccc;
    // ① BB 자신
    //--------------------------------------
    cout<<bbb.GetBB(20)<<endl;
```

```
    bbb.ShowBB();
    bbb.Display();
    //————————————————————————————
    ccc.ShowCC();      // ② CC 자신
    //————————————————————————————
    // ③ BB 에서 AA 접근
    //————————————————————————————
    bbb.ShowAA();
    cout<<bbb.GetAA(10)<<endl;
    // ④ CC 에서 BB 접근불가
    //————————————————————————————
    //        ccc.ShowBB();
    //        ccc.Display();
    // ⑤ CC 에서 AA 접근불가
    //————————————————————————————
    //        ccc.ShowAA();
    //        cout<<ccc.GetAA(10);
}
```

◆ 실행결과

```
20
BB: 보호상속
AA 클래스!
BB is derived from AA
CC : 보호상속
AA 클래스!
AA 클래스!
10
```

설명 이 프로그램에 ①, ②는 클래스 BB와 CC 자신이 파생한 객체에서 각각 접근하였다. ③은 공용으로 상속받은 클래스 BB에서 파생한 객체 bbb가 클래스 AA의 공용멤버에 접근할 수 있음을 보였다. 그러나 ④와 ⑤에서는 보호상속으로 상속받은 클래스 CC에서 파생한 객체 ccc는 클래스 BB의 멤버나 AA의 멤버에 접근할 수 없음을 보였다.

프로그램 8-4

```
#include 〈iostream〉
using namespace std;
class AA    // 베이스 클래스
{
  public:
     int GetAA( int a ){                    // 멤버함수
         itsAA = a;
         return itsAA;
        }
     void ShowAA() const {cout〈〈"AA 클래스!"〈〈end ;}
  private:
     int itsAA;
};
class BB : protected AA                     // 보호 상속
{
  public:
     int  GetBB(int b){                     // 멤버함수
         itsBB = b;
         return itsBB;
        }
     void Display() {cout〈〈"BB is derived from AA"〈〈endl;}
     void ShowBB() const
            {cout〈〈"BB: 보호상속 "〈〈endl;
            ShowAA();}
  private:
     int  itsBB;
};

class CC : protected BB                     // 보호 상속
{
  public:
     void ShowCC() const                    // 멤버 함수
     {
            cout〈〈"CC : 보호상속 "〈〈endl;
            ShowAA();
     }
```

```
};
void main()
{
      BB bbb;
      CC ccc;


      // ① BB 자신
      //-----------------------------------------------
     cout<<bbb.GetBB(20)<<endl;
     bbb.ShowBB();
      bbb.Display();

     //-----------------------------------------------
      ccc.ShowCC();      // ② CC 자신
     //-----------------------------------------------

      // ③ BB 어서 AA 접근불가
      //-----------------------------------------------
      //      bbb.ShowAA();
      //      cout<<bbb.GetAA(10)<<endl;

      // ④ CC 에서 BB 접근불가
      //-----------------------------------------------
      //         ccc.ShowBB();
      //         ccc.Display();

      // ⑤ CC 에서 AA 접근불가
      //-----------------------------------------------
      //         ccc.ShowAA();
      //         cout<<ccc.GetAA(10);
}
```

◆ 실행결과

```
20
BB: 보호상속
AA 클래스!
BB is derived from AA
CC : 보호상속
AA 클래스!
```

설명 이 프로그램에 ①, ②는 클래스 BB와 CC 자신이 파생한 객체에서 각각 접근하였다. 그러나 ③, ④와 ⑤에서는 보호상속으로 상속받은 클래스 BB에서 파생한 bbb는 클래스 AA의 멤버에 접근할 수 없고, 또한 클래스 CC에서 파생한 객체 ccc는 클래스 BB의 멤버나 AA의 멤버에 접근할 수 없음을 보였다.

8.3.2 전용 상속

전용 상속(Private Inheritance)에서는 모든 멤버가 파생 클래스에서 전용으로 취급되므로, 이 파생 클래스에서 한번 더 파생된 클래스는 최초의 베이스 클래스 멤버를 접근할 수 없게 된다. 프로그램 6-2에서 아래와 같이 BB 클래스를 전용상속으로 선언하면, CC 클래스에서는 AA의 멤버를 전혀 접근할 수 없게 된다. 그리고 BB 클래스 내의 멤버 정의에는 변화가 없지만, BB 클래스의 객체는 AA의 멤버를 접근하지 못한다. 따라서 전용상속에서도 베이스 클래스와 파생 클라스 사이에 "is a" 관계가 성립하지 않는다. 전용상속의 선언 방법은 다음과 같다.

```
// 전용상속의 선언
class AA 베이스클래스
 { };
class BB: private AA
{
// BB 클래스 멤버 ...
// AA 클래스 멤버에 접근 가능 ...
};
class CC: public BB    // 공용 상속
{
```

```
// CC 클래스 멤버 ...
// BB 클래스 멤버 접근 가능 ...
// AA 클래스 멤버는 사용 불가 ...
};
```

이와 같은 내용을 설명하기 위해서 다음 프로그램에서 전용 상속의 예를 보인다.

프로그램 8-5

```
#include 〈iostream〉
using namespace std;
class AA    // 베이스 클래스
{
  public:
      int GetAA( int a ){          // 멤버함수
          itsAA = a;
          return itsAA;
        }
      void ShowAA() const {cout〈〈"AA 클래스!"〈〈endl;}
  private:
      int itsAA;
};
class BB : private AA          // ① 전용 상속
{
  public:
      int  GetBB(int b){          // 멤버함수
          itsBB = b;
          return tsBB;
        }
      void Display() {cout〈〈"BB is derived from AA"〈〈endl;}
      void ShowBB() const
              {cout〈〈"BB: 보호상속 "〈〈endl;
              ShowAA();}        // ③ AA 멤버 접근
  private:
      int  itsBB;
};
```

```
class CC : public BB            // ② 공용 상속 또는 보호 상속
{
  public:
      void ShowCC() const       // 멤버 함수
      {
              cout<<"CC : 보호상속 "<<endl;
//            ShowAA();         // ④ AA 멤버에 접근불가
      }
};
void main()
{
      BB bbb;
      CC ccc;

      cout<<bbb.GetBB(20)<<endl;
      bbb.ShowBB();
      bbb.Display();
      ccc.ShowCC();
}
```

◆ 실행결과

```
20
BB: 보호상속
AA 클래스!
BB is derived from AA
CC : 보호상속
```

설명 이 프로그램에 ①에서 전용으로 상속을 받았다. 이 경우에 클래스 BB 내에서 클래스 AA의 공용 멤버에 ③과 같이 접근할 수 있다. 그러나 공용으로 상속받은 클래스 CC 내에서는 클래스 AA의 멤버에 ④와 같이 접근할 수 없다. 물론 클래스 BB에서 파생된 객체 bbb가 클래스 AA의 공용 멤버에 접근할 수 없음은 보호 상속의 예와 동일하다.

연습문제

01. 베이스 클래스와 파생 클래스를 간단히 설명하여라.

02. 상속의 유형에 대해서 간단히 설명하라.

03. 다음과 같이 sampleClass와 이를 포함하는 컨테이너 containerClass가 정의되어 있다. containerClass에서 멤버변수 itsX와 temp.itsData를 출력하는 ShowData() 함수를 정의하고 이를 실행하는 프로그램 main()을 작성하여라.

```
class sampleClass
{
public:
        void SetMember(int x) {itsX = x;}
        int GetMember(void) {return itsX;}
protected:
        int itsX;
};
// 콘테이너 클래스 정의
class containerClass
{
public:
        containerClass(int a, int b): itsData(a) {temp.SetMember(b);}
        void ShowData();    // itsData, temp.itsX 출력
private:
        int itsData;
        sampleClass temp;
};
```

04. 전용상속은 다음과 같이 선언되며, 접근 관계를 가진다. 프로그램 예 6.2를 변형하여 전용상속의 경우 CC 클래스에서 AA 클래스 멤버에 접근하지 못하는 것을 확인하라.

```
// 전용상속의 선언
```

```
class AA 베이스클래스
 { };
class BB: private AA
{
// BB 클래스 멤버 ...
// AA 클래스 멤버에 접근 가능 ...
};
class CC: public BB    // 공용 상속
{
// CC 클래스 멤버 ...
// BB 클래스 멤버 접근 가능 ...
// AA 클래스 멤버는 사용 불가 ...
};
```

05. 다음과 같은 결과가 출력되도록 생성자, 소멸자 등을 이용하여 프로그램을 작성하라.

〈출력결과〉

```
클래스 C1의 Constructor.
클래스 C2의 Constructor.
클래스 B의 Constructor.
Intput x:
x = 100;
Input y:
y = 200;
클래스 B의 Constructor.
클래스 C2의 Constructor.
클래스 C1의 Constructor.
```

09

다중 상속

9.1 다중 상속

다중 상속(Multiple Inheritance)은 어떤 클래스가 두 개 이상의 베이스 클래스로부터 파생된 것을 다중 상속이라고 한다. 다중 상속의 선언 방법은 다음과 같다.

```
class A
        {    };
class B
        {    };
class C : public A, public B
        {    };
```

파생 클래스의 선언에서 상속받을 베이스 클래스를 상속 유형과 함께 콤마(,)로 나열하여 쓰면 된다. 위의 예에서 파생 클래스 C는 베이스 클래스 A와 B의 모든 멤버를 상속받게 된다.

아래 그림과 같이, C 클래스가 A 클래스와 B 클래스로부터 다중 상속된 예를 프로그램 9-1을 통하여 살펴보자. √ 표시는 가상함수를 나타낸다.

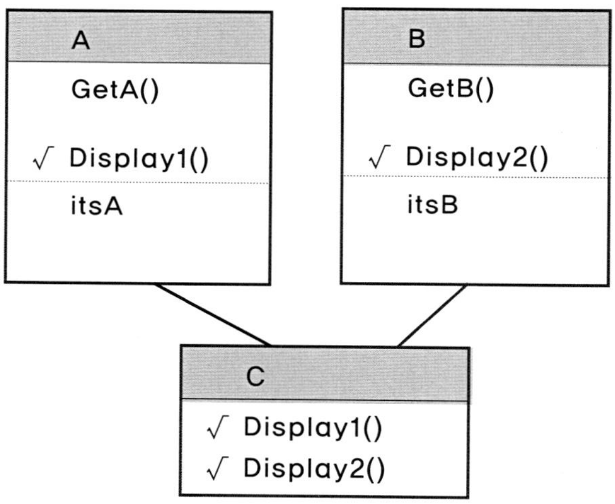

그림 9.1 다중 상속 예

프로그램 9-1 다중 상속

```
#include <iostream>
using namespace std;
// 베이스 클래스
class A
{
public:
      A(int a=50) : itsA(a) {cout<<"A 생성자"<<endl;}
      const int GetA() const {return itsA;}
      void Display1() const {cout<<"value of A is a "
          <<GetA()<<endl;}
private:
      int itsA;
};

// 베이스 클래스
class B
{
public:
      B(int b=80) : itsB(b) {cout<<"B 생성자"<<endl;}
      const int GetB() const {return itsB;}
      void Display2() const {cout<<"value of B is b"
          <<GetB()<<endl;}
private:
      int itsB;
};

// 다중상속
class C : public A, public B
{
public:
      void DisplayAll() const {
          Display1();
          Display2();
};

int main()
```

```
{
        C cc;
    cc.DisplayAll();
    return 0;
}
```

◆ 실행결과

```
A 생성자
B 생성자
value of A is a 50
value of B is a 80
```

설명 C 클래스는 A 클래스와 B 클래스로부터 동시에 상속을 받고 있다. 따라서 C 객체는 상속을 받아서 C 클래스 내의 멤버 함수 Display1()과 Display2()를 A 클래스와 B 클래스로부터 각각 호출할 수 있다.

다중상속에 대한 예를 하나 더 살펴보고자 한다. 우선 아래의 그림과 같이, White 클래스가 Red 클래스와 Blue 클래스로부터 다중 상속된다고 가정한다. 여기서 √ 표시는 가상함수를 나타낸다.

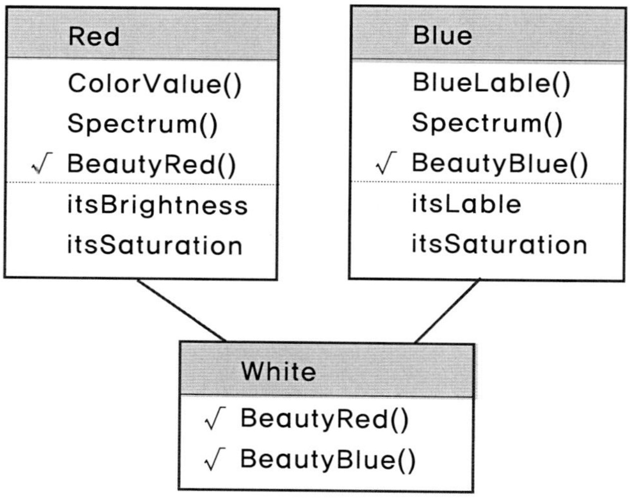

그림 9-2 다중 상속 예

프로그램 9-2 다중 상속에 대한 예

```
#include <iostream>
using namespace std;

class Red                // Base Class
{
  public:
        Red(int redvalue=255, int satvalue=125)
      : itsBrightness(redvalue), itsSaturation(satvalue)
        {cout<<"Red Constructor. \n";}

      virtual ~Red() {cout<<"Red Destructor. \n";}

      const int ColorValue() const {return itsBrightness;}
      const int Spcturm() const {return itsSaturation;}

      virtual void BeautyRed() const
          {
            cout<<"Red is Beauty Color ";
            cout<<"at the altitude of ";
            cout<<ColorValue();
            cout<<endl;
           }

  protected:
        int itsBrightness;
        int itsSaturation;
};

class Blue               // Base Class
{
public:
      Blue(int lable=10, int satvalue=50)
      : itsLable(lable), itsSaturation(satvalue)
      {cout<<"Blue Constructor. \n";}

      virtual ~Blue() {cout<<"Blue Destructor. \n";}
```

```
        const int BlueLable() const {return itsLable;}
        const int Spectrum() const {return itsSaturation;}
        virtual void BeautyBlue() const
                {cout<<"Blue is Beauty Color. \n";}
    protected:
        int itsLable;
        int itsSaturation;
};
// 다중상속
class White : public Red, public Blue
{
public:
        White(int redvalue=100, int lable= 10, int satvalue=40)
        : Red(redvalue, satvalue), Blue(lable, satvalue)
        {cout<<"White Constructor. \n";}

        virtual ~White() {cout<<"White Destructor. \n";}
        virtual void BeautyRed() const
           {
                cout<<"White is mixed by ";
                cout<<"the value of color "<<Red::ColorValue();
                cout<<endl;
           }
        virtual void BeautyBlue() const
           {
                cout<<"White is mixed by ";
                cout<<"the value of saturation "<<Blue::Spectrum();
                cout<<endl;
           }
};

void main()
{
        Red * redRGB=new White;
        Blue * blueRGB=new White;

        cout<<"redRGB color: "<<redRGB->ColorValue()<<endl;
```

```
    cout<<"redRGB spectrum: "<<redRGB->Spcturm()<<endl;
    redRGB->BeautyRed();

    cout<<"blueRGB lable: "<<blueRGB->BlueLable()<<endl;
    cout<<"blueRGB spectrum: "<<blueRGB->Spectrum();
    cout<<endl;

    blueRGB->BeautyBlue();

    delete redRGB;
    delete blueRGB;
}
```

◆ 실행결과

```
Red Constructor.
Blue Constructor.
White Constructor.
Red Constructor.
Blue Constructor.
White Constructor.
redRGB color: 100
redRGB spectrum: 40
White is mixed by the value of color 100
blueRGB lable: 10
blueRGB spectrum: 40
WHite is mixed by the value of saturation 40
White Destructor.
Blue Destructor.
Red Destructor.
White Destructor.
Blue Destructor.
Red Destructor.
```

설명 이 다중상속의 예에서 White 객체를 생성하기 위해서 2개의 베이스 클래스 생성자가 차례로 호출된 후에 파생 클래스의 생성자가 실행되었다. White 객체가 소멸될 때에는 생성자 호출의 역순으로 소멸자가 실행된다. BeautyRed() 함수는 Red 클래스에, BeautyBlue() 함수는 Blue 클래스에 각각 정의되었다. 만일 단일 상속을 사용하여 BeautyBlue() 함수를 Red 클래스에 정의하거나, BeautyRed() 함수를 Blue 클래스에 선언한다면 현실적 측면에서 적합하지 않게 된다. 다중 상속된 White 클래스의 초기화 리스트에서 Red 및 Blue 클래스의 생성자를 사용하였다. BeautyRed() 함수와 BeautyBlue() 함수는 가상함수로 선언되었으며, 베이스 클래스의 포인터에서 호출하였지만 파생 클래스의 멤버함수가 실행됨을 볼 수 있다.

9.2 다중 상속의 모호성

B1 클래스와 B2 클래스가 동일하게 A 클래스로부터 상속되는 경우를 생각해 보자. 아래 그림과 같이 A 클래스는 C 클래스의 grand parent가 되며, C 객체 1개에 A 클래스 객체가 2개씩 존재한다. 따라서 C 클래스가 A 클래스의 멤버를 접근하고자 할 때 B1 클래스를 통할 것인지 또는 B2 클래스를 통할 것인지 하는 모호성이 발생하게 된다.

다음 프로그램에서 이 문제를 살펴보도록 한다.

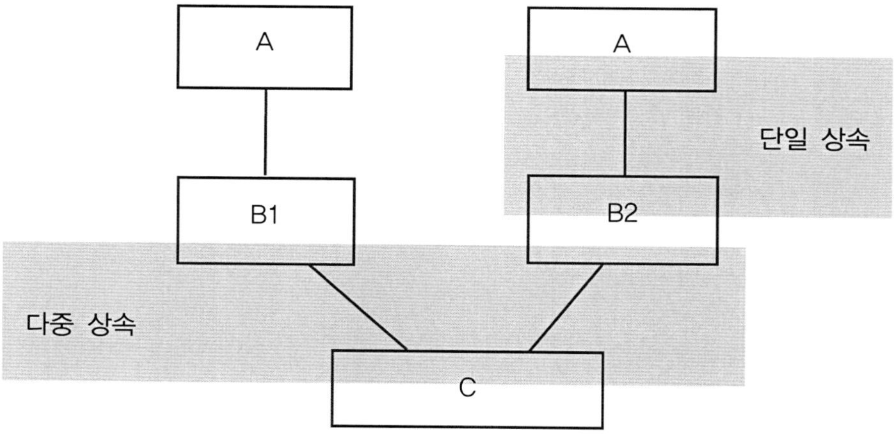

그림 9.3 공용베이스 클래스에 의한 다중 상속 예

프로그램 9-3 공용 베이스 클래스 상속

```
#include <iostream>
using namespace std;
// 공용 베이스 클래스
class A
{
public:
      A(int a=50) : itsA(a) {cout<<"A 생성자"<<endl;}
      const int GetA() const {return itsA;}
      void Display1() const {cout<<"value of A is a "
          <<GetA()<<endl;}

private:
      int itsA;
};

// 베이스 클래스
class B1 : public A
{
public:
      B1(int b1=80)    : itsB(b1) {cout<<"B1 생성자"<<endl;}
      const int GetB1() const {return itsB1;}
      void Display2() const {cout<<"value of B1 is b1"
         <<GetB1()<<endl;}

private:
      int itsB1;
};


class B2  : public A
{
public:
      B2(int b2=90)    : itsB(b2) {cout<<"B2 생성자"<<endl;}
      const int GetB2() const {return itsB2;}
      void Display3() const {cout<<"value of B2 is b2"
         <<GetB2()<<endl;}
```

```
private:
        int itsB2;
};

// 다중상속
class C : public B1, public B2
{
public:
        void DisplayAll() const {
        // Display1();    //  ① 에러 발생
            Display2();
            Display3();
};

int  main()
{
    C cc;
    cc.DisplayAll();
    return 0;
}
```

◆ 실행결과

```
A 생성자
B1 생성자
A 생성자
B2 생성자
value of B1 is b1 80
value of B2 is b2 90
```

설명 우선 실행결과로부터 C 클래스의 객체가 생성될 때 B1 및 B2 클래스 생성자 앞에 A 클래스 생성자가 한 번씩 호출됨을 알 수 있다. C 클래스 기본 생성자에서 B1 클래스의 itsB1 멤버에는 80으로, B2 클래스의 itsB2 멤버에는 90으로 초기화하였다. ①에서 Display1() 멤버 함수는 클래스 B1을 통하여 상속을 받을 것인지, B2를 통하여 상속을 받을 것인지 모호하여, 만약 //를 해제하게 되면 컴파일 에러를 발생시킨다. 즉, 공용 베이스 다중 상속은 모호성을 유발할 수 있다. 이 문제를 해결하는 방법은 공용 베이스 객체가 하나만 생성되도록 하기 위해서 가상 상속을 사용하게 된다.

9.3 가상 상속

가상 상속(Virtual Inheritance)은 공용 베이스 클래스를 갖는 다중 상속에서 파생 클래스가 베이스를 공유하도록 하는 것을 말한다. 가상 상속의 선언은 접근제어자 앞에 virtual 키워드를 붙이면 된다.

```
class A                    // Grand parents
        {   };
class B1 : virtual public A
        {   };
class B2 : virtual public A
        {   };
class C : public B1, public B2
        {   };
```

여기서 주의할 점은 B1 및 B2 클래스의 객체와 A 사이는 각기 단일 상속관계이며, C 클래스의 객체가 생성되었을 경우에 B1과 B2 클라스가 A 클래스를 공유한다는 점이다. 일반적으로, 클래스의 생성자는 자신의 멤버와 베이스 클래스만 초기화할 수 있지만, 가상 상속에서는 예외로 공용 베이스 클래스는 최종적으로 파생된 클래스에 의하여 초기화된다. A를 가상 베이스 클래스로 선언하견 상속관계가 아래 그림과 같이 된다.

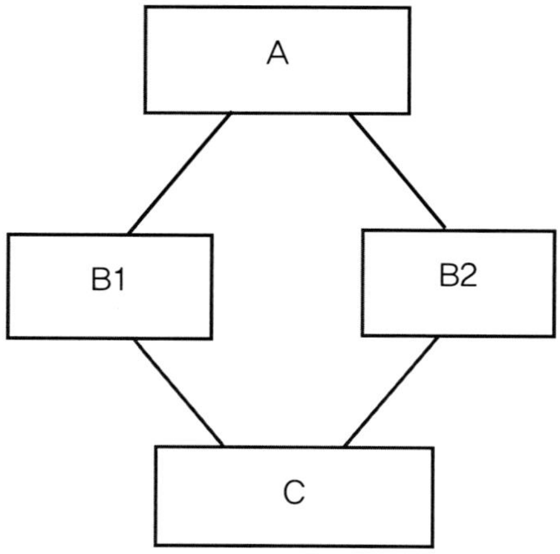

그림 9.4 가상 베이스 클래스에 의한 상속관계

프로그램 9-4 가상 상속

```
#include <iostream>
using namespace std;
// 공용 베이스 클래스
class A
{
public:
      A(int a=50) : itsA(a) {cout<<"A 생성자"<<endl;}
      ~A() {cout<<"A 소멸자"<<endl;}
      const int GetA() const {return itsA;}
      void Display1() const {cout<<"value of A is a "
          <<GetA()<<endl;}
private:
      int itsA;
};
// 베이스 클래스
class B1 : virtual public A
{
public:
      B1(int b1=80)   : itsB1(b1) {cout<<"B1 생성자"<<endl;}
      ~B1() {cout<<"B1 소멸자"<<endl;}
      const int GetB1() const {return itsB1;}
      void Display2() const {cout<<"value of B1 is b1"
```

```
        <<GetB1()<<endl;}
private:
    int itsB1;
};
// 베이스 클래스
class B2  : virtual public A
{
public:
    B2(int b2=90)   : itsB2(b2) {cout<<"B2 생성자"<<endl;}
    ~B2() {cout<<"B2 소멸자"<<endl;}
    const int GetB2() const {return itsB2;}
    void Display3() const {cout<<"value of B2 is b2"
        <<GetB2()<<endl;}
private:
    int itsB2;
};
// 다중상속
class C : public B1, public B2
{
public:
    C() {cout<<"C 생성자"<<endl;}
    ~C() {cout<<"C 소멸자"<<endl;}
    void DisplayAll() const {
        Display1();
        Display2();
        Display3();
};
void main()
{
    C cc;
  cc.DisplayAll();
}
```

◆ 실행결과

```
A 생성자
B1 생성자
B2 생성자
C 생성자
value of A is a 50
value of B1 is b1 80
value of B2 is b2 90
C 소멸자
B2 소멸자
B1 소멸자
A 소멸자
```

설명 A 클래스를 가상 베이스로 하여 C 객체가 생성되었다. A 클래스가 공유되므로, 파생 클래스 객체가 생성될 때 공유 베이스 A의 생성자와 소멸자는 한 번씩만 호출된다.

C는 B1, B2로부터 다중 상속을 받는데 B1, B2가 가상 상속을 받기 때문에 A 클래스 내의 멤버들은 한번만 상속이 이루어진다. 이 경우 B1, B2의 앞에 반드시 둘 다 virtual을 붙여 주어야 된다.

연습문제

01. C++언어에서 다중 상속을 설명하라.

02. 다중 상속의 유리한 점을 설명하라.

03. 다중 상속의 모호성을 설명하라.

04. 다음의 프로그램을 다중 상속을 고려하여 완성하라.

```
#include <iostream>
using namespace std;
class Color            // Base Class
{
  public:
   Color(int colorvalue) :itsColorValue(colorvalue)
          {
             cout<<"Color Constructor. \n";
            }
   ~Color(){
             cout<<"Color Destructor.\n";
            }
   int ColorDisplay()
        {
           cout << itsColorValue << endl;
         }
   private:
        int itsColorValue;
  }
class Red      : public Color
{
  public:
          Red(int redvalue=255, int satvalue=125)
```

```
        : itsBrightness(redvalue), itsSaturation(satvalue)
          {cout<<"Red Constructor. \n";}
        virtual ~Red() {cout<<"Red Destructor. \n";}
        const int ColorValue() const {return itsBrightness;}
        const int Spcturm() const {return itsSaturation;}
        virtual void BeautyRed() const
          {
            cout<<"Red is Beauty Color ";
                cout<<"at the altitude of ";
            cout<<ColorValue();
            cout<<endl;
           }
  protected:
          int itsBrightness;
          int itsSaturation;
};

class Blue          : public Color
{
public:
        Blue(int lable=10, int satvalue=50)
        : itsLable(lable), itsSaturation(satvalue)
        {cout<<"Blue Constructor. \n";}
        virtual ~Blue() {cout<<"Blue Destructor. \n";}
        const int BlueLable() const {return itsLable;}
        const int Spectrum() const {return itsSaturation;}
        virtual void BeautyBlue() const
            {cout<<"Blue is Beauty Color. \n";}
  protected:
          int itsLable;
        int itsSaturation;
};
// 다중상속
class White : public Red, public Blue
{
public:
        White(int redvalue=100, int lable= 10, int satvalue=40)
```

```
            : Red(redvalue, satvalue), Blue(lable, satvalue)
            {cout<<"White Constructor. \n";}
            virtual ~White() {cout<<"White Destructor. \n";}
            virtual void BeautyRed() const
            {
                    cout<<"White is mixed by ";
                    cout<<"the value of color "<<Red::ColorValue();
                    cout<<endl;
            }
            virtual void BeautyBlue() const
            {
                    cout<<"White is mixed by ";
                    cout<<"the value of saturation "<<Blue::Spectrum();
                    cout<<endl;
             }
    };

    void main()
    {
            Red * redRGB=new White;
            Blue * blueRGB=new White;
            cout<<"redRGB color: "<<redRGB->ColorValue()<<endl;
            cout<<"redRGB spectrum: "<<redRGB->Spcturm()<<endl;
            redRGB->BeautyRed();
            cout<<"blueRGB lable: "<<blueRGB->BlueLable()<<endl;
            cout<<"blueRGB spectrum: "<<blueRGB->Spectrum();
            cout<<endl;
            blueRGB->BeautyBlue();
            delete redRGB;
            delete blueRGB;
    }
```

05. 가상상속을 하는 목적을 설명하라.

06. 4번의 문제를 가상 상속을 사용하여 모호성을 없애는 프로그램을 작성하라.

10

다형성

다형성(Polymorphism)은 같은 이름이라도 가리키는 곳이 다른 특성을 말한다. 예를 들어 재정의(overriding), 가상 함수(virtual function) 등이다.

재정의(overriding)는 함수 중복이 허용되는 C++에서의 한 가지 특징으로 베이스 클래스에 정의된 멤버 함수를 파생 클래스에서도 같은 형태의 멤버 함수를 다시 정의해서 사용하는 경우를 말한다. 이들 관계를 가상 함수의 예제를 통하여 나타낸다.

10.1 재정의

재정의(Overriding)는 베이스클래스에 정의된 멤버함수를 파생된 클래스에서 같은 반환형(Return type)의 같은 이름으로 정의된 멤버함수를 사용할 수 있다는 것이다. 이 경우에 파생된 클래스에서는 베이스클래스의 멤버함수 구현 부분을 다른 내용으로 바꾸는 것이다. 또한 파생클래스에서 재정의되는 함수는 매개변수 이름과 매개변수 목록도 일치되어야 되며, 함수 내용만 변경되어야 된다.

프로그램 10-1 Overriding의 예

```
#include <iostream>
using namespace std;
class Father
  {
   public:
     Father() {cout <<"Father Constructor \n";}
     ~Father(){ cout <<"Father Destructor \n";}
     void Display() const
      {
           cout << "I am a Father. \n";
       }
     void Singing() const
           {
                cout<<"Father is Singing \n";
           }
    private:
      int itsValue;
   };
```

```
class Son : public Father
  {
   public:
    Son() { cout <<"Son Constructor \n";}
    ~Son(){ cout <<"Son Destructor \n";}
     void Display() const
        {        // 재정의(overriding)
             cout << "I am a Son. \n";
         }
      void Singing() const
         {       // 재정의(overriding)
              cout<<"Son is Singing \n";
          }

   private:
     int itsAge;
  };
void main()
{
     Father OldAge;              // ①
     Son TeenAger;               // ②
     OldAge.Singing();
     TeenAger.Singing();
 }
```

◆ 실행결과

```
Father Constructor
Father Constructor
Son Constructor
Father is Singing
Son is Singing
Son Destructor
Father Destructor
Father Destructor
```

설명 ①에서 Father의 객체가 선언되었다. 또한 ②에서는 Son의 객체가 선언되었다. Display() 멤버 함수와 Singing() 멤버함수가 파생클래스인 Son에서 베이스클래스에서 정의된 멤버함수를 재정의 하였다. Father에 의해서 객체가 생성될 때 생성자를 호출하며, Son에 의해서 객체를 생성할 때 베이스클래스인 Father생성자를 먼저 호출하고 그 다음에 Son생성자를 호출한다. Singing()멤버함수는 Father에서 생성된 OldAge와 Son에서 생성된 TeenAger에 의해 호출된 Singing()멤버함수가 각각 올바르게 출력됨을 알 수 있다. 끝으로 두 개의 객체가 그 범위를 벗어나게 되면 소멸자가 생성자의 호출과 반대 순서로 호출되게 된다.

프로그램 10-2 Overriding의 예

```
#include <iostream>
using namespace std;
class Father
  {
   public:
     void Work()  const
      {
          cout << "Father works for 1 weeks. \n";
       }
     void Work(int during) const
       {
          cout << "Father works for " ;
          cout << during << "weeks. \n";
        }
    private:
      int itsValue;
   };
class Son : public Father
   {
    public:
      void Work()  const
      {
          cout << "Son works for 3 weeks. \n";
       }
    private:
```

```
        int itsAge;
    };
void main()
{
        Father OldAge;
        Son TeenAger;
        OldAge.Work();
        OldAge.Work(2);
        TeenAger.Work();            // ①
  // TeenAger.Work(4);             // ② 제거시 ERROR 발생
 }
```

◆ 실행결과

```
Father works for 1 weeks.
Father works for 2 weeks.
Father works for 3 weeks.
```

설명 베이스클래스 Father와 파생클래서 Son에서 멤버함수 Work()가 중복되게 선언되었다. 바로 재생을 위한 것이다. 메인함수의 Father에서 생성된 OldAge객체는 멤버함수가 매개변수가 없는 경우와 매개변수가 있는 경우 모두 호출되었다. ①에서는 파생클래스 Son에서 생성된 객체 TeenAger는 매개변수 없는 멤버함수 Work()를 생성시켰다. ②는 주석으로 처리하였는데 주석을 제거하면 컴파일 에러가 발생한다. 이는 ①에서와 같이 중복정의된 멤버함수를 한번 재생하면 여러 개의 매개변수를 갖는 다른 함수들을 재생할 수 없게 된다.

상기의 예에서와 같이 베이스클래스에 있는 중복 자정의된 멤버함수를 매개변수가 있는 경우에 재생할 수 있게 하기 위해서는 베이스클래스의 클래스명을 중간에 명시해 주면 된다. 즉,

```
TeenAger.Father::Work(4);
```

라고 하면 된다.

프로그램 10-3 Overriding의 예

```
#include <iostream>
using namespace std;
class Father
  {
   public:
     void Work()  const
      {
          cout << "Father works for 1 weeks. \n";
       }
     void Work(int during) const
       {
          cout << "Father works for " ;
          cout << during << " weeks. \n";
        }
    private:
      int itsValue;
   };
class Son : public Father
   {
    public:
      void Work()  const
      {
          cout << "Son works for 3 weeks. \n";
       }
    private:
      int itsAge;
   };
void main()
{
  Father OldAge;
  Son TeenAger;
  OldAge.Work();
  OldAge.Work(2);
  TeenAger.Work();               // ①
  TeenAger.Father::Work(4);      // ②
 }
```

◆ 실행결과

```
Father works for 1 weeks.
Father works for 2 weeks.
Father works for 3 weeks.
Father works for 4 weeks.
```

설명 앞의 예에서는 파생된 클래스에서 Work(int x)를 호출하려 했지만 실패했다. 이는 ①에서 멤버함수를 사용했기 때문이다 여기서는 ②에서와 같이 명시적으로 베이스클래스의 멤버함수를 호출함으로써 재정의를 실행시킬 수 있었다.

10.2 가상 함수

가상함수(Virtual function)는 베이스 클래스에서 선언된 함수가 파생 클래스에서 재정의(overriding)될 수 있는 함수이다. 가상 함수의 선언은 멤버함수 앞에 virtual 키워드를 붙이면 된다.

베이스 클래스에서 선언된 멤버함수를 재정의 할 때에는 인자의 개수, 자료형 그리고 Return의 형이 같아야 된다.

```
virtual type 함수명(인수, 인수, ...)
  {
   함수 정의 ;
   }
```

베이스 클래스에서 virtual 선언된 경우에는 파생 클래스에서는 함수명 앞에 virtual은 생략할 수 있다.

프로그램 10-4 virtual을 붙이지 않은 경우의 예

```
#include <iostream>
using namespace std;
class Father
  {
   public:
     void Display(){
          cout << "I am a Father. \n";
        }
   };
class Son : public Father
   {
    public:
      void Display(){       // 재정의(overriding)
          cout << "I am a Son. \n";
        }
   };
void main()
  {
    Father *ptr;          // ①
    Father f1;
    Son s1;
    ptr = &f1;
    ptr->Display();       // ②
    ptr = &s1;
    ptr->Display();       // ③
  }
```

◆ 실행결과

```
I am a Father.
I am a Father.
```

설명 ①에서 Father의 객체가 선언되었다. ②에서는 Father의 멤버 함수인 Display()에 접근한다. ③에서는 Son의 Display()에 접근을 시도하려고 하지만 접

근하지 못하고 Father의 객체이기 때문에 Father의 Display()에 접근해 버린다. 따라서 Son의 멤버함수에 접근하기 위해서는 다음 예제에서와 같이 virtual 키워드를 사용하면 해결된다.

프로그램 10-5 virtual을 붙인 경우

```
#include <iostream>
using namespace std;
class Father
  {
   public:
    virtual void Display(){
            cout << "I am a Father. \n";
        }
   };
class Son : public Father
   {
   public:
    virtual void Display(){            // virtual 생략 가능
            cout << "I am a Son. \n";
        }
   };
void main()
{
    Father *ptr;
    Father f1;
    Son s1;
    ptr = &f1;
    ptr->Display();
    ptr = &s1;
    ptr->Display();
}
```

◆ 실행결과

```
I am a Father.
I am a Son.
```

다음은 동적메모리 new를 이용한 예를 알아보자. C++에서는 기본클래스를 가리키는 포인터 객체에 파생되는 객체를 할당하는 역할을 하게 된다. 즉, 이를 일컬어 다형성이라 한다.

```
Father * pScn = new Son;
```

으로 할 수 있다.

프로그램 10-6 virtual을 붙인 경우의 동적메모리 new를 사용한 예

```
#include <iostream>
using namespace std;
class Father
  {
   public:
    virtual void Display(){
           cout << "I am a Father. \n";
        }
   };
class Son : public Father
   {
   public:
    virtual void Display(){           // virtual 생략 가능
           cout << "I am a Son. \n";
        }
   };
void main()
{
    Father *pSon = new Son; // ①
```

```
        pSon->Father::Display();   // ②
        pSon->Display();           // ③
    }
```

◆ 실행결과

```
I am a Father.
I am a Son.
```

설명 ①에서 Father의 포인터 객체 pSon이 선언되었다. 따라서 pSon은 Father의 객체인 동시에 Son의 주소도 가지게 된다. ②이서와 같이 Father를 명시해 주게 되면 Father의 멤버 함수인 Display()에 접근한다. 그러나 ③에서와 같이 나타내면 Display() 멤버함수를 가상으로 선언하였기 때문에 Son의 Display()에 접근을 시도하게 된다.

프로그램 10-7 virtual을 붙인 경우의 동적메모리 new를 사용한 예

```
#include <iostream>
using namespace std;
class Animal
  {
    public:
      Animal();
      virtual ~Animal();
      virtual void Sound() const
        { cout << "Animal Sound is Heard. \n"; }
      void Action();
    private:
      int itsLength;
    };
  Animal::Animal():itsLength(10){
        cout << "Animal Constructor \n";
             }
  Animal::~Animal(){
```

```
          cout << "Animal Destructor \n";
              }
    void Animal::Action() {
          cout << "Animal Action \n";
          cout << "Animal "<<itsLength<<" times \n";
              }
  class Cow : public Animal
      {
       public:
         Cow():itsLength(20)
         {
            cout << "Cow Constructor \n";};
            virtual ~Cow(){
            cout << "Cow Destructor \n";
          }
         void Sound() const{
            cout << "Moo~ \n";
          }
         void Action() const{
              cout << "Cow Action \n";
              cout << "Cow "<<itsLength<<" times \n";
          }
      private:
              int itsLength;
          };
   void main()
       {
         cout << "Made Object \n";
         Animal *aCow = new Cow;
         aCow->Sound();
         aCow->Action();
         delete aCow;
         }
```

◆ 실행결과

```
Made Object
Animal Constructor
Cow Constructor
Moo~
Animal Action
Animal 10 times
Cow Destructor
Animal Destructor
```

설명 Animal에 대한 객체가 포인터 aCow가 생성되었다. aCow는 Animal의 객체인 동시에 Cow의 주소가 동적 메모리 new에 의하여 할당되어 들어갔다. Sound()는 가상이기 때문에 파생클래스인 Cow에서 Sound()를 호출한다. 그러나 Action()은 aCow가 Animal의 객체이기 때문에 Animal에서 찾게 된다.

프로그램 10-8 동적메모리 new를 사용한 예

```
#include <iostream>
using namespace std;
class Bus    // 공유 베이스 클래스
{
public:
      Bus(int weight=80);
      ~Bus() {}
      virtual int GetWeight() const {return itsWeight;}
private:
      int itsWeight;
};
Bus::Bus(int weight): itsWeight(weight)
{
      cout<<"Bus 생성자 ..."<<endl;
}
```

```
class MiniBus: public Bus
{
public:
        MiniBus(int weight=60)
        : itsWeight(weight)
        {cout<<"MiniBus 생성자 ..."<<endl;}
        ~MiniBus() {}
        virtual int GetWeight() const {return itsWeight;}
private:
        int itsWeight;
};
class Van: public MiniBus
{
public:
        Van(int weight=40)  // 생성자
    : itsWeight(weight)
        {cout<<"Van 생성자 ..."<<endl;}
        ~Van() {}
        virtual int GetWeight() const {return itsWeight;}
private:
        int itsWeight;

};

int main()
{
        Van* speed=new Van;
        cout<<"Weight: "<<speed->GetWeight()<<endl;
        cout<<"Weight: "<<speed->Bus::GetWeight()<<endl;
        cout<<"Weight: "<<speed->MiniBus::GetWeight()<<endl;
        delete speed;
        return 0;
}
```

◆ 실행결과

```
Bus 생성자 ...
MiniBus 생성자 ...
Van 생성자 ...
Weight: 40
Weight: 80
Weight: 60
```

설명 동적 메모리 할당에 의한 Van은 MiniBus와 Bus로부터 상속을 받으며 MiniBus와 Bus의 GetWeight() 멤버 변수는 Bus::와 MiniBus::에 의해 접근할 수 있다.

프로그램 10-9 동적메모리 new를 사용한 예

```
#include <iostream>
using namespace std;
class Shape
 {
   public:
     Shape():itsValue(10) {}
     virtual ~Shape(){}
     virtual void DrawShape(){
     cout << "Shape Draw \n";
    }
   private:
     int itsValue;
 };
class Circle : public Shape
 {
   public:
        void DrawShape(){              // virtual 생략 가능
        cout << "Circle Draw \n";
     }
```

```
};

class Rectangles : public Shape
{
  public:
     void DrawShape(){          // virtual 생략 가능
     cout << "Rectangles Draw \n";
    }
};

class Square : public Shape
{
  public:
    void DrawShape(){          // virtual 생략 가능
    cout << "Square Draw \n";
    }
};

class Circular_Cone : public Shape
{
  public:
     void DrawShape(){          // virtual 생략 가능
     cout << "Circular_Cone Draw \n";
   }
};

void main()
{
    Shape * aaa;
    int num;
    while(1){
        cout << "input num( 1, 2, 3, 4, etc.) : \t";
        cin >> num;
        if(num==0) break;
        switch(num)
          {
           case 1 : aaa = new Circle;
```

```
                break;
        case 2 : aaa = new Rectangles;
                break;
        case 3 : aaa = new Square;
                break;
        case 4 : aaa = new Circular_Cone;
                break;
        default : aaa= new Shape;
                break;
        }
    aaa->DrawShape();
    delete aaa;
  }
}
```

◆ 실행결과

```
input num( 1, 2, 3, 4, etc.) :1
Circle Draw
input num( 1, 2, 3, 4, etc.) :2
Rectangles Draw
input num( 1, 2, 3, 4, etc.) :3
Square Draw
input num( 1, 2, 3, 4, etc.) :4
Circular_Cone Draw
input num( 1, 2, 3, 4, etc.) :0
```

설명 동적 메모리를 이용한 프로그램으로 Circle, Rectangles, Square, Circular_Cone 클래스 모두가 Shape 클래스로부터 파생되었다. Shape 클래스 내의 멤버함수인 ShapeDraw() 함수가 가상함수로 선언되었기 때문에 파생클래스에서의 ShapeDraw()함수가 재생되었음을 알 수 있다.

10.3 순수 가상 함수와 추상 클래스

다음과 같이 가상 함수 뒤에 "= 0"를 붙여서 0으로 초기화시킨 멤버함수를 순수 가상 함수(pure virtual function)라고 한다.

```
virtual void GetWeight() = 0;
```

순수 가상 함수는 파생 클래스에서 반드시 재정의(overriding)될 것이라는 의미를 가진다.

순수 가상 함수의 본체는 정의되지 않아도 된다.

추상 클래스(abstract class)란 프로그래머가 객체 정의를 목적으로 하지 않고 파생 클래스에 대한 베이스 클래스로만 사용하고자 하는 클래스, 즉, 개념적인 인터페이스(interface)만 선언하고자하는 클래스를 지칭한다. 클래스 내에 순수 가상 함수가 하나라도 선언되어 있으면, 그 클래스는 추상 클래스가 된다.

추상 클래스는 객체를 정의할 수 없으며, 베이스 클래스로만 사용되어야 한다.

추상 클래스를 상속받은 파생 클래스는 추상 클래스의 모든 순수 가상 함수를 순수 함수로 이어 받는다. 따라서 파생 클래스가 객체를 생성하기 위해서는 파생 클래스 내에서 모든 순수 가상 함수를 재정의(overriding)해 주어여야 한다.

순수 가상 함수를 하나도 갖지 않는 클래스를 구체적 파생 클래스(concrete derived class)라고 한다.

프로그램 10-10 추상 클래스

```
#include <iostream>
using namespace std;
class Bus    // 추상 클래스
{
    public:
        Bus() {}
        virtual ~Bus() {}
        virtual void ShowSize() const =0;       // 순수 가상함수
        virtual void ShowSpec() const =0        // 순수 가상함수
```

```
        {
            cout<<"순수 가상함수: ShowSpec()"<<endl;
         }
};
      void Bus::ShowSize() const
        {
            cout<<"순수 가상함수: ShowSize()"<<endl;
          }
class TourBus: public Bus    // 파생 클래스
{
   public:
     TourBus(int seat=30, int size=100)
         : itsSeat(seat), itsSize(size) {}
      virtual ~TourBus() {}
      virtual int GetSeat() const {return itsSeat;}
      virtual void ShowSize() const
         {
           Bus::ShowSize();
           cout<<"TourBus Size: "<<itsSize<<endl;
          }
      virtual void ShowSpec() const
          {
            Bus::ShowSpec();
            cout<<"TourBus Seat: "<<GetSeat()<<endl;
           }
protected:
     int itsSeat;
     int itsSize;
};
class SchoolBus: public Bus
{
   public:
      SchoolBus(int speed=80, int size=120)
         : itsSpeed(speed), itsSize(size) {}
      virtual ~SchoolBus() {}
      virtual int GetSpeed() const {return itsSpeed;}
      virtual void ShowSize() const
```

```
        {
          Bus::ShowSize();
          cout<<"SchoolBus Size: "<<itsSize<<endl;
        }
      virtual void ShowSpec() const
        {
          Bus::ShowSpec();
          cout<<"SchoolBus Speed: "<<GetSpeed()<<endl;
        }
   protected:
      int itsSpeed;
      int itsSize;
};
void main()
{
    Bus * blueBus = new TourBus;
    Bus * yellowBus = new SchoolBus;
    blueBus->ShowSize();
    blueBus->ShowSpec();
    yellowBus->ShowSize();
    yellowBus->ShowSpec();
    delete blueBus;
    delete yellowBus;
}
```

◆ 실행결과

```
순수 가상함수: ShowSize()
TourBus Size: 100
순수 가상함수: ShowSpec()
TourBus Seat: 30
순수 가상함수: ShowSize()
SchoolBus Size: 120
순수 가상함수: ShowSpec()
SchoolBus Speed: 80
```

설명 Bus 클래스는 객체를 정의하지 않고 파생 클래스의 멤버함수를 호출하는 인터페이스로만 사용된 추상 클래스이다. Bus 클래스에는 순수 추상 함수 ShowSize()와 ShowSpec()가 선언되어 있으며, 파생 클래스 TourBus 및 SchoolBus 클래스에서 모두 재정의 되었다. 따라서 TourBus 및 SchoolBus 클래스는 구체적 파생 클래스이며, 객체 생성이 가능하다. Bus 클래스에서 순수 추상 함수의 본체를 정의하는 방법 두 가지를 보였다. 파생 클래스의 가상함수는 자신의 멤버함수뿐만 아니라 베이스 클래스의 순수 추상함수도 호출 가능하다.

10.4 가상 소멸자

베이스 클래스의 객체 포인터 변수로 파생 클래스의 객체를 접근할 때, 그 객체가 소멸시 소멸자를 호출하게 되는데 베이스 클래스의 객체만 소멸하는 경우가 발생한다. 이 경우에 소멸자 앞에 virtual 키워드를 붙이면 해결된다.

프로그램 10-11 가상 소멸자

```
#include <iostream>
using namespace std;
class Bus    // 베이스 클래스
{
  public:
     Bus() {}
①    ~Bus() {cout << "Bus 소멸자" << endl;}
     virtual void ShowSpec() const =0;      // 순수 가상함수
       {cout<<"순수 가상함수: ShowSpec()"<<endl;}
};

class TourBus: public Bus    // 파생 클래스
{
  public:
     TourBus(int seat=30) : itsSeat(seat) {}
②    ~TourBus() { cout << "TourBus 소멸자" << endl;}
     virtual void ShowSpec() const
       {
```

```
            cout<<"TourBus Seat: "<<itsSeat<<endl;
        }
    protected:
        int itsSeat;
};
class SchoolBus: public Bus
{
    public:
        SchoolBus(int speed=80) : itsSpeed(speed) {}
③       ~SchoolBus() {cout << "SchoolBus 소멸자" << endl;}
        virtual void ShowSpec() const
        {
            cout<<"SchoolBus Speed: "<<itsSpeed <<endl;
        }
    protected:
        int itsSpeed;
};
void main()
{
    Bus * blueBus = new TourBus;
    Bus * yellowBus = new SchoolBus;
    blueBus->ShowSpec();
    yellowBus->ShowSpec();
    delete blueBus;
    delete yellowBus;
}
```

◆ 실행결과

```
TourBus Seat: 30
SchoolBus Speed: 80
Bus 소멸자
Bus 소멸자
```

설명 베이스 클래스의 소멸자만 소멸된다. 파생 클래스의 소멸자를 호출하기 위해서는 소멸자 앞에 virtual 키워드를 붙이면 된다.

프로그램 10-11에서 소멸자를 다음과 같이 virtual 키워드를 붙인다. 즉

```
① virtual ~Bus() {cout << "Bus 소멸자" << endl;}
② virtual ~TourBus(){cout << "TourBus 소멸자" << endl;}
③ virtual ~SchoolBus(){cout<<"SchoolBus 소멸자"<< endl;}
```

이와 같이 virtual을 붙이면 결과는 다음과 같다.

```
TourBus Seat: 30
SchoolBus Speed: 80
TourBus 소멸자
Bus 소멸자
SchoolBus 소멸자
Bus 소멸자
```

연습문제

01. C++언어에서 다형성을 설명하라.

02. 멤버 함수 앞에 virtual을 붙이는 경우와 붙이지 않는 경우의 차이점을 설명하라.

03. 순수 가상함수와 추상 클래스를 설명하여라.

04. 다음 예제는 Craft를 Base Class로 하고 Aircraft와 Boat를 Derived Class로 하는 프로그램이다. Craft Class를 추상클래스로 할 때 멤버함수 중에 ShowCapacity()와 ShowSpec()를 순수가상함수로 작용하도록 프로그램을 완성하고 그 결과를 확인하라.

```
#include <iostream>
using namespace std;
class Craft
{
  public:
        Craft() {}
        virtual ~Craft() {}
        virtual void ShowCapacity();
        virtual void ShowSpec()
        {cout<<"This Function: ShowSpec() ..."<<endl;}
};
void Craft::ShowCapacity() const
  {cout<<"This Function: ShowCapacity() ..."<<endl;}
class Airplane: public Craft
  {
    public:
        Airplane(int altitude=1000, int capacity=100)
        : itsAltitude(altitude), itsCapacity(capacity) {}
        virtual ~Airplane() {}
        virtual int GetAltitude() const {return itsAltitude;}
        virtual void ShowCapacity() const
```

```
        {
            Craft::ShowCapacity();
            cout<<"\tAirplane capacity: "<<itsCapacity<<endl;
        }
        virtual void ShowSpec() const
        {
            Craft::ShowSpec();
            cout<<"\tAirplane altitude: "<<GetAltitude()<<encl;
        }
    protected:
        int itsAltitude;
        int itsCapacity;
};
class Boat: public Craft
{
  public:
        Boat(int speed=100, int capacity=150)
        : itsSpeed(speed), itsCapacity(capacity) {}
        virtual ~Boat() {}
        virtual int GetSpeed() const {return itsSpeed;}
        virtual void ShowCapacity() const
        {
                Craft::ShowCapacity();
                cout<<"\tBoat capacity: "<<itsCapacity<<endl;
        }
        virtual void ShowSpec() const
        {
                Craft::ShowSpec();
                cout<<"\tBoat speed: "<<GetSpeed()<<endl;
        }
  protected:
        int itsSpeed;
        int itsCapacity;
};
int main()
  {
        Craft * skyCraft = new Airplane;
```

```
        Craft * seaCraft = new Boat;
        skyCraft->ShowCapacity();
        skyCraft->ShowSpec();
        seaCraft->ShowCapacity();
        seaCraft->ShowSpec();
        delete skyCraft;
        delete seaCraft;
        return 0;
    }
```

05. 다음과 같은 멤버를 갖는 test 클래스를 정의하라. 또한 가상함수를 이용하여 사각형, 마름모도 그리는 프로그램을 작성하라.

virtual void Show() ~ 변의 길이가 itsSide인 직각 이등변 삼각형을 별표(*)를 사용해서 그린다.
private : int itsSide

06. 가상 소멸자에 대하여 설명하라.

07. 동적 메모리 할당의 경우 가상 소멸자를 사용하지 않을 경우 발생할 수 있는 문제점을 설명하라.

11

템플릿

템플릿은 모형(母型)을 뜻한다. 모형은 형태는 정해져 있는데 그 모형을 채울 색채는 결정되어 있지 않다는 것이다. 따라서 정해지는 색에 따라 모형이 변화한다는 의미를 부여할 수 있다.

함수 또는 클래스에서 인수의 자료형은 서로 다르지만 내부 구조가 동일한 경우에 자료형 별로 여러 개의 함수나 클래스를 정의해야 하는 번거로움이 발생한다. 이때 인수의 자료형을 파라미터로 하여 함수 또는 클래스의 틀(template)을 정의해 놓으면 이 문제가 해결될 것이다. 이와 같이 색에 해당하는 인수의 자료형을 파라미터로 하여 함수나 클래스를 생성시키는 틀을 템플릿이라고 한다.

템플릿에는 함수 템플릿과 클래스 템플릿이 있다.

11.1 함수 템플릿(Function Template)

함수 템플릿의 기능으로 두 인수 a, b 중 최대값을 반환하는 max(a, b) 함수를 예로 들어보자.

인수가 int, float 또는 char 형을 가질 수 있다면, 다음 예와 같이 3가지의 함수 선언이 필요하다.

```
int max(int a, int b)    // int, float, double 등
{
   return (a>b) ? a : b;
}
```

프로그램 11-1 함수 중복

```
#include <iostream>
using namespace std;
int   max(int a, int b) {return (a>b) ? a : b;}          // int 형
float max(float a, float b) {return (a>b) ? a : b;}   // float 형
char max(char a, char b) {return (a>b) ? a : b;}   // char 형

void main()
{
```

```
    cout << "int형 함수: " <<max(10, 20) <<endl;
    cout << "float형 함수: "<<max(2.5, 3.5) <<endl;
    cout << "char형 함수: "<<max('A', 'B') <<endl;
}
```

◆ 실행결과

```
int형 함수: 20
float형 함수: 3.5
char형 함수: B
```

설명 자료형 별로 정의된 max 함수는 동일한 함수명이다. 따라서 상기 결과는 함수중복(overloading)에 의한 결과이다. max 함수의 본체는 인수 자료형만 다르고 구조가 동일하다.

11.1.1 함수 템플릿의 정의

각 자료형마다 일일이 정의하지 않고 함수 템플릿을 사용하여 프로그래밍하는 방법을 알아보자. 위에서 예로 든 max 함수의 템플릿을 선언하는 방법은 다음과 같다.

```
template <typename T>
T max(T a, T b)
{
    // 프로그램 문장;
}
```

또는

```
template <class T>
T max(T a, T b)
{
    // 프로그램 문장;
}
```

template은 템플릿을 나타내는 키워드이다.

〈**typename** T〉 또는 〈**class** T〉는 템플릿의 파라미터 리스트이다.

키워드 **typename**과 **class**는 어느 것을 사용해도 된다. 그리고 함수 본체로 전달할 파라미터 T는 범용 자료형으로 T라는 문자대신 다른 문자를 써도 된다.

T max(T a, T b)는 max 함수의 반환형과 인수 자료형을 표시한다.

프로그램 11-2 함수 템플릿

```
#include <iostream>
using namespace std;
// 함수 템플릿 선언
template <typename T>  // 또는 template <class Type>
T max(T a, T b)
    {return (a>b) ? a : b;}
void main()
  {
    cout << "int형 함수: " <<max(10, 20) <<endl;
    cout << "float형 함수: "<<max(2.5, 3.5) <<endl;
    cout << "char형 함수: "<<max('A', 'B') <<endl;
  }
```

◆ 실행결과

```
int형 함수: 20
float형 함수: 3.5
char형 함수: B
```

설명 템플릿을 사용하여 프로그램 9-1과 동일한 결과를 얻었으며, 프로그램 크기가 훨씬 줄어들었다. main 함수에서 int 자료형 인수를 갖는 max 함수가 호출되면, 자동적으로 템플릿의 T를 int 자료형으로 치환하여 max(int, int) 함수를 생성시킨다. 다른 자료형에 대하여도 동일하다.

상기 프로그램 예의 main문에서

```
max(20, 3.5)
```

라고 함수를 호출하면 에러가 발생한다. 이는 두 인수의 자료형이 상이하기 때문이다. 따라서 이러한 경우, 즉 둘 이상의 자료형을 가진 함수에 대하여 템플릿을 적용하는 경우에는 다음과 같이 하면 된다.

```
template <typename T1, typename T2>
void Print(T1 a, T2 b)
{
        // 프로그램 문장;
}
```

프로그램 11-3 함수 템플릿

```
#include <iostream>
using namespace std;
// 함수 템플릿 선언
template <typename T1, typename T2>
void Print(T1 a, T2 b)
  {
    cout << a <<  '\t';
    cout << b << endl;
  }
void main()
  {
    cout << "int형 출력: " <<Print(10, 20) <<endl;
    cout << "여러 자료형 출력1: "<<Print(20, 3.5) <<endl;

    cout << "여러 자료형 출력2: "<<Print('A', 10) <<endl;
}
```

◆ 실행결과

```
int형 출력: 10 20
여러 자료형 출력1: 20 3.5
여러 자료형 출력2: A 10
```

11.1.2 함수 템플릿의 중복(Overloading)

일반 함수의 중복과 마찬가지로, 템플릿의 파라미터 유형을 다르게 정의하면 함수 템플릿을 중복 정의할 수 있다.

프로그램 11-4 함수 템플릿 중복

```
#include <iostream>
using namespace std;

// 함수 템플릿 선언
template <typename T>
T min(T a, T b)
   {return (a<b) ? a : b;}

// 함수 템플릿의 중복
template <typename T>
T min(T a, T b, int c)
   {return (a<b) ? a*c : b*c;}

int main()
  {
     int i=3, j=8;
     cout << "함수 템플릿: " <<min(i, j) <<endl;
     cout << "함수 템플릿 중복: "<<min(i, j, 5) <<endl;
     return 0;
  }
```

◆ 실행결과

```
함수 템플릿: 3
함수 템플릿 중복: 15
```

설명 min 함수에 int 자료형 인수를 하나 더 추가하여 함수 템플릿을 중복 정의하였다. min 함수를 호출하면 파라미터가 일치되는 템플릿에 의하여 실행될 함수가 생성된다. 두 번째의 min(i,j,5) 함수 호출에 의해서는 i와 j 중 최소값인 3에 5가 곱해진 값이 반환되었다.

11.1.3 함수 템플릿의 특수화(Specializction)

인수 자료형에 따라서 템플릿으로부터 해당 함수가 자동적으로 생성되며, 이것을 함수 템플릿의 묵시적 인스턴스화(implicit instantiation)라고 한다. 그리고 어떤 자료형에 대한 함수 인스턴스를 명시화시킬 경우, 이것을 명시적 인스턴스화(explicit instantiation)라고 한다.

예를 들어 float 자료형에 대한 max 템플릿의 명시적 인스턴스화 선언 방법은 다음과 같다.

```
template float max<float> (float, float);
```

다음은 묵시적, 명시적 인스턴스화에 대한 예이다.

프로그램 11-5 함수 템플릿의 특수화

```
#include <iostream>
using namespace std;
// 함수 템플릿 선언
template <typename T>
Type max(T a, T b)
```

```
    {return (a>b) ? a : b;}

// 함수 템플릿의 명시적 인스턴스화
template float max<float> (float, float);

void main()
  {
    int i=3, j=5;
    float x=2.0, y=3.0;
    cout << "묵시적 인스턴스화: " <<max(i, j) <<endl;
    cout << "명시적 인스턴스화: " <<max(x, y) <<endl;
  }
```

◆ 실행결과

```
묵시적 인스턴스화: 5
명시적 인스턴스화: 3.0
```

설명 max(i, j) 함수는 int 자료형 인수를 가지며 명시적 선언이 없으므로, 묵시적 인스턴스화에 의하여 함수가 생성된다. max(x, y)는 float 자료형 인수를 가지며 명시적 인스턴스화가 선언되어 템플릿 정의에 따른 함수가 생성된다.

다음은 함수템플릿의 특수화를 설명하기 위해서 다음과 같은 함수 템플릿을 가정하자.

```
template<typename T > int Size ( T a);
```

이에 반하여 함수템플릿의 특수화는 다음 형식을 따른다.

```
template< > int Size ( char *);
```

프로그램 11-6 함수 템플릿의 특수화

```
#include <iostream>
using namespace std;
// 함수 템플릿 선언
template <typename T>
int Size(T a)
  {
    return sizeof(a);
  }
 // 함수 템플릿 특수화 선언
template< >
  int Size(char* a)
   {
    return sizeof(a);
   }
void main()
  {
    int x=5;
    double y=10.2;
    char* z="Hello C";
    cout << Size(x) <<'\t'<< Size(y) <<'\t'<<Size(z) ;
    cout << endl;
  }
```

◆ 실행결과

```
4 8 7
```

설명 Size(x), Size(y)는 함수템플릿 선언의 함수를 묵시적으로 수행하며, Size(z)는 함수 템플릿의 특수화 선언이 된 함수를 호출할 것이다. 만약 함수템플릿의 특수화 선언이 없다면 상기 결과에서 세 번째의 Size(z)는 Size(x)와 같은 템플릿 함수를 수행하여 char 포인터의 크기인 4를 리턴 할 것이다.

11.2 클래스 템플릿(Class Template)

11.2.1 클래스 템플릿의 정의

함수 템플릿과 같이 클래스에서도 자료형을 파라미터로 하여 템플릿을 정의할 수 있다. 예를 들어 Data라는 클래스 템플릿 정의하는 방법은 다음과 같다.

```
template <typename T>
class Data
{
        // Data 클래스 멤버 정의
};
```

```
Data<int> integerData;
Data<float> floatData;
```

이와 같이 클래스 템플릿의 인스턴스는 클래스이며, 자료형을 쓸 수 있는 곳에는 모두 사용될 수 있다.

함수 템플릿 선언에서와 같이 키워드 **typename** 대신에 **class**를 사용하여도 된다. 물론 이 **class** 키워드는 범용 자료형을 표시하기 위한 단순한 키워드 역할만 한다.

```
template <class T>
class Data
{
        // Data 클래스 멤버 정의
};
```

11.2.2 클래스 템플릿의 구현

앞에서 설명한 것처럼 클래스 템플릿은 일반 클래스와 동일한 구조를 가진다. 또한 클래스 템플릿도 함수 템플릿과 같은 개념으로 출발해도 된다.

프로그램 11-7 **클래스 템플릿**

```
#include <iostream>
using namespace std;
class Data
{
  public:
        Data(int x, int y){itsX(x), itsY(y)};           // 생성자
        ~Data() {}                                      // 소멸자
        int GetSum() const {return (itsX+itsY);}  // 멤버함수
        void PrintSum()
         {
           cout<<itsX<<" + "<<itsY<<" = "<<GetSum()<<endl;
         }
  private:
        int itsX, itsY;
};
void main()
  {
     Data intData(1, 2);                              // int 자료형 인스턴스
     intData.PrintSum();
  }
```

◆ 실행결과

```
1 + 2 = 3
```

상기 예제를 정의한 클래스를 템플릿 클래스로 만들어 보자.

프로그램 11-8 **클래스 템플릿**

```
#include <iostream>
using namespace std;
template <typename T>  // 템플릿 정의
class Data
```

```
{
  public:
      Data(T x, T y){itsX(x), itsY(y)};           // 생성자
      ~Data() {}                                   // 소멸자
      T GetSum() const {return (itsX+itsY);}  // 멤버함수
      void PrintSum()
       {
         cout<<itsX<<" + "<<itsY<<" = "<<GetSum()<<endl;
       }
  private:
      T itsX, itsY;
};
void main()
  {
    Data<int> intData(1, 2);              // int 자료형 인스턴스
    Data<float> floatData(2.0, 3.0);    // float 자료형 인스턴스
    intData.PrintSum();
    floatData.PrintSum();
  }
```

상기 예에서 자료형을 int 대신 T로 선언해 주면 된다.

여기서 객체를 생성할 때 <int>또는 <float>로 자료형을 명시적으로 선언하는 이유는 객체의 생성순서 때문이다. 즉 객체를 생성할 때 가장 먼저 수행되는 것이 메모리 공간의 할당이다. 그리고 다음이 생성자 호출이다. 그러나 생성자가 호출되어야 전달 인수를 참조해서 T에 대한 자료형을 정할 수 있는데 메모리 공간의 할당이 우선 진행되기 때문에 T를 어떤 자료형으로 판단하여 메모리 공간을 정해야 될지 혼돈이 오게 된다. 따라서 <자료형>을 붙여서 명확히 하게 된다.

멤버함수를 클래스 외부에서 정의할 때는 다음과 같이 한다.

```
template <typename T>
void Data<T>::PrintSum()
{
// 프로그램 문장;
```

```
}
```

Data 템플릿 이름이 템플릿 내부에서 참조될 때에는 Data이지만, 외부에서 참조될 때에는 Data〈T〉을 사용해야 한다.

이제 클래스 템플릿을 구현하는 프로그램 예를 살펴보자.

프로그램 11-9 클래스 템플릿

```
#include <iostream>
using namespace std;
template <typename T>   // 템플릿 정의
class Data
{
  public:
      Data(T x, T y);     // 생성자
      ~Data() {}          // 소멸자
      T GetSum() const {return (itsX+itsY);}  // 멤버함수
      void PrintSum();
  private:
      T itsX, itsY;
};
template <typename T>   // 템플릿 생성자 정의
Data<T>::Data(T x, T y): itsX(x), itsY(y) {}

template <typename T>   // 템플릿 멤버함수 정의
void Data<T>::PrintSum()
  {
    cout<<itsX<<" + "<<itsY<<" = "<<GetSum()<<endl;
  }
void main()
  {
    Data<int> integerData(1, 2);      // int 자료형 인스턴스
    Data<float> floatData(2.0, 3.0);  // float 자료형 인스턴스
    intData.PrintSum();
    floatData.PrintSum();
  }
```

◆ 실행결과

```
1 + 2 = 3
2.0 + 3.0 = 5.0
```

설명 Data<T> 템플릿을 정의하고 정수형과 실수형 인스턴스의 객체를 생성하였다. 각 자료형의 객체에 대하여 두 멤버변수의 합을 구하여 출력하는 예를 보였다.

11.2.3 클래스 템플릿의 특수화(Specialization)

함수 템플릿과 같이 클래스 템플릿의 특수화에도 묵시적 인스턴스화(implicit instantiation), 명시적 인스턴스화(explicit instantiation), 명시적 특수화(explicit specialization)가 있다. 묵시적 인스턴스화는 인스턴스의 자료형 정의에 따라서 자동적으로 클래스가 생성되는 것을 말하며, 명시적 인스턴스화는 특정 자료형의 인스턴스를 명시적으로 선언하는 것을 말한다. 예를 들어, Data<T> 템플릿의 double 자료형에 대한 명시적 인스턴스를 선언하는 방법은 다음과 같다.

```
template Data<double>;
```

명시적 인스턴스화에서 클래스 정의는 템플릿의 정의를 그대로 따른다.

명시적 특수화란 원하는 자료형에 대하여 클래스 템플릿을 재정의 할 수 있는 기능을 말한다. 예를 들어, Data<T> 템플릿의 char 자료형에 대한 명시적 특수화 선언 방법은 다음과 같다.

```
template<> class Data<char>
{
      // 멤버 정의;
};
```

동일 자료형에 대하여 명시적 인스턴스화와 명시적 특수화를 동시에 선언할 수 없다.

프로그램 11-10 클래스 템플릿의 특수화

```
#include <iostream>
using namespace std;
// 템플릿 정의
template <typename T>
class Data
{
  public:
      Data(T x, T y);
      ~Data() {}
      T GetSum() const {return (itsX+itsY);}
      void PrintSum();
  private:
       T itsX;
       T itsY;
};
template <typename T>  // 템플릿 생성자 정의
Data<T>::Data(T x, T y): itsX(x), itsY(y) {}

template <typename T>  // 템플릿 멤버함수 정의
void Data<T>::PrintSum()
  {
    cout<<itsX<<" + "<<itsY<<" = "<<GetSum()<<endl;
  }

// 명시적 인스턴스화
// template class Data<double>; // OK: class 키워드 포함가능
template Data<double>;
// 명시적 특수화
// class Data<char>                // OK: template<> 키워드 생략가능
template<> class Data<char>
{
  public:
       Data(char x, char y): itsX(x), itsY(y) {}
```

```
        ~Data() {}
        void PrintSum()
          {
            cout<<"char 자료형 명시적 특수화: "
                  <<itsX<<" + "<<itsY<<" = "
                  <<(int) itsX + (int) itsY<<endl;
          }
  private:
        char itsX;
        char itsY;
};
void main()
  {
    Data<int> intData(1, 2);
    Data<double> dblData(2.0, 3.0);
    Data<char> charData('a', 'b');
    intData.PrintSum();    // 묵시적 인스턴스화
    dblData.PrintSum();  // 명시적 인스턴스화
    charData.PrintSum(); // 명시적 특수화
  }
```

◆ 실행결과

```
1 + 2 = 3
2.0 + 3.0 = 5.0
a + b = 195
```

설명 클래스 템플릿 Data<T>을 정의하고, double 자료형에 대한 명시적 인스턴스화와 char 자료형에 대한 명시적 특수화를 선언하였다. main() 함수에서 각 인스턴스에 대한 객체 정의는 묵시적 인스턴스화와 동일한 방법으로 하면 된다.

연습문제

01. 함수 템플릿을 설명하라.

02. int, float, char 자료형 변수에 대하여 각각 두개의 데이터를 입력하면 그 두 개의 데이터 중에서 최소값을 구하는 함수를 프로그램 하여라.

03. 문제 02의 기능을 갖는 프로그램을 함수 템플릿을 이용하여 구현하라.

04. 클래스 템플릿을 설명하라.

05. 다음과 같은 클래스 템플릿의 일부가 정의되어 있다. 다음 각 물음에 답하라.

```
template <typename T>
class AAA
{
public:
      AAA(T data): itsX(x) {}
      ~AAA() {}
      void Pirnt() const; // itsX 출력
private:
      T itsX;
};
```

(a) 템플릿 AAA〈T〉의 멤버함수 Print()는 멤버변수 itsData를 화면에 출력하는 기능을 갖는다. 템플릿 외부에서 Print() 함수를 선언하는 프로그램을 작성하여라.

(b) 위의 클래스 템플릿을 사용하여 int, float, char, 그리고 char* 자료형의 멤버변수를 갖는 클래스 객체를 정의하고, Print() 함수를 실행하는 프로그램을 작성하여라.

12

파일 입·출력

12.1 개요

지금까지 데이터의 입·출력은 표준 입·출력 장치인 키보드와 모니터 화면을 통하여 처리하여 왔다. 그러나 입력하고 출력하는 데이터양이 증가하게 되면 키보드나 모니터를 통한 입·출력 작업은 어려워진다. 따라서 데이터 파일을 이용하여 입·출력하면 작업이 훨씬 간단해진다.

이 장에서는 C++언어에서 파일 입·출력을 지원하는 스트림 클래스(ifstream, ofstream, fstream)를 이용하여 데이터 파일을 디스크에 저장하고 불러들이는 방법을 설명한다.

12.2 파일 스트림 오브젝트에 의한 입·출력(〉〉, 〈〈)

C++언어에서 파일 입·출력에 관계하는 스트림 클래스는 다음과 같이 3종류가 있으며, 파일 스트림 클래스의 객체를 생성하기 위해서는 fstream.h 헤더 파일을 포함시켜야 한다.

표 12.1 파일 스트림 클래스

클래스	설 명
ifstream	• 입력 파일 스트림 클래스 • 디스크의 데이터를 읽어 들이는 객체 생성
ofstream	• 출력 파일 스트림 클래스 • 디스크에 데이터를 파일로 쓰는 객체 생성
fstream	• 디스크 입·출력에 모두 관계하는 스트림 클래스

참고로 fstream 헤더 파일은 iostream을 포함하고 있으므로 iostream을 추가로 포함시킬 필요는 없다.

12.2.1 출력 파일 열기

디스크에 데이터를 기록하기 위한 출력파일을 열 때에는 다음과 같이 ofstream 클래스를 이용한다.

(1) 스트림 클래스의 생성자를 이용하여 출력파일 열기

```
ofstream outFile("fileName", ios::out);
```

outFile : 출력을 위한 스트림 클래스의 객체 이름으로서 사용자가 지정할 수 있다.
fileName : 출력 파일 이름을 나타내며, char * 형 포인터를 사용하여도 된다.
ios::out : 파일열기 모드를 표시한다. **ofstream**의 디폴트(default)는 **ios::out**으로 설정되어 있으므로 이를 생략하여도 된다.

outFile과 같은 스트림 객체가 생성되면 cout 대신에 outFile을 사용하여 표준 출력과 동일한 방법으로 파일에 데이터를 기록할 수 있다. 파일 모드에는 다음과 같은 것이 있으며, 두 개 이상의 모드를 지정하려면 | 연산자로 결합하면 된다.

표 12.2 파일 모드

파일 모드	설 명
ios::out	디폴트 모드. 파일에 데이터를 기록한다.
ios::in	기존 파일을 열 경우, 데이터 기록 후 남은 부분은 그대로 둔다.
ios::app	기존 파일에 데이터를 추가(append)한다.
ios::ate	파일의 끝(at end)으로 이동한다.
ios::trunc	디폴트 모드. 기존 파일의 내용을 지우고 데이터를 기록한다.
ios::nocreate	파일이 존재하지 않으면 에러(fail)를 발생시킨다.
ios::noreplace	파일이 이미 존재하면 에러(fail)를 발생시킨다.
ios::binary	이진 모드로 파일을 개방한다. 디폴트는 텍스트 모드이다.

(2) 스트림 클래스의 멤버함수를 이용하여 출력파일 열기

```
ofstream outFile;
outFile.open(fileName, ios::out);
```

이 형식은 outFile이라는 스트림 객체를 선언할 때 초기화하지 않고, 멤버함수 open()을 사용하여 파일명과 모드를 지정하는 방식이다.

(3) 파일 닫기

open 된 파일은 닫아야 되며 형식은 다음과 같다.

```
outFile.close( );
```

프로그램 12-1

```
#include <iostream>
#include <process.h>                    // exit()에 필요
#include <fstream.h>
using namespace std;
void main()
  {
     fstream fp;                         // outFile을 fp로 지정
     fp.open("test.dat", ios::out);      // 출력 파일 test.dat 생성

     if( !fp )
       {
        cout <<  "can not open file \n" ;
        exit(0);
       }

     fp << " This test program. \n" ;
     fp << " Write data in file. \n" ;
     fp.close();                          // 파일 닫기
  }
```

◆ 실행결과

```
This test program.
Write data in file.
```

이 결과는 모니터 화면에는 나타나지 않고 test.dat 파일을 열어서 확인할 수 있다.

프로그램 12-2

```
#include 〈iostream〉
#include 〈fstream.h〉
using namespace std;
void main()
  {
    int id;
    fstream fp;
    fp.open("test2.dat", ios::out);      // 출력 파일 test.dat 생성
    if( !fp )
     {
       cout 〈〈 "can not open file \n" ;
       exit(0);
      }

    while(1)
     {
        cout 〈〈 "input your id : " ;
        cin 〉〉 id ;
        if ( id == 0 ) break;
        fp 〈〈 id 〈〈 endl ;
     }
  }
```

◆ 실행결과

아래와 같이 입력을 화면으로 받는다.

```
input your id : 100
input your id : 200
input your id : 0
```

실제의 결과는 test2.dat 파일에 다음과 같이 키보드로부터 입력한 내용을 볼 수 있다.

```
100
200
```

12.2.2 입력 파일 열기

디스크로부터 데이터를 읽어 들이기 위해서는 ifstream 클래스를 이용하여 파일을 열고 닫는다.

(1) 스트림 클래스의 생성자를 이용하여 입력파일 열기

```
ifstream inFile("fileName", ios::in);
```

inFile : 입력을 위한 스트림 클래스의 객체 이름으로서 사용자가 지정할 수 있다.
fileName : 입력 파일 이름을 나타내며, char * 형의 포인터를 사용하여도 된다.
ios::in : 파일 모드를 표시한다. **ifstream**의 디폴트(default)가 **ios::in**이므로 생략 가능하다.

출력 스트림에서와 같이 cin 대신에 inFile을 사용하여 파일로부터 데이터를 읽을 수 있다. 파일 모드에는 다음과 같은 것이 있으며, 두 개 이상의 모드를 지정하려면 | 연산자로 결합하면 된다.

표 12.3 파일 모드

파일 모드	설 명
ios::in	디폴트 모드. 파일로부터 데이터를 읽어 들인다.
ios::nocreate	파일이 존재하지 않으면 에러(fail)를 발생시킨다.
ios::binary	이진 모드로 파일을 개방한다. 디폴트는 텍스트 모드이다.

(2) 스트림 클래스의 멤버함수를 이용하여 입력파일 열기

```
ifstream inFile;
inFile.open(fileName, ios::in);
```

이 형식은 스트림 객체 inFile을 선언할 때 초기화하지 않고, 멤버함수 open()을 이용하여 파일명과 모드를 지정하는 방식이다.

(3) 파일 닫기

파일 출력 때와 같이 입력 때에도 open 된 파일은 닫아야 되며 형식은 다음과 같이 파일 출력 때와 동일하다.

```
inFile.close( );
```

프로그램 12-3

```
#include <iostream>
#include <fstream.h>
#include <stdlib.h>
using namespace std;
void main()
  {
    int ip_in ;
    fstream fp_in;
    fp_in.open("test2.dat", ios::in);
    if( !fp_in)
      {
        cout << " can not open file. \n";
        exit(0);
      }
    fp_in >> ip_in;
    cout << ip_in ;
   fp_in >> ip_in;
```

```
  cout << ip_in;
  fp_in.close();
}
```

◆ 실행결과

```
100
200
```

test2.dat에 들어 있는 데이터를 불러낸다.

프로그램 12-4 스트림 클래스를 이용한 파일처리

```
#include <fstream.h>
#include <iomanip.h>
    using namespace std;
void main()
{
     double a, b, c, x=1.5;
     char * fileName;
     fileName="testFile1.dat";
     ofstream fp;       // 출력파일 열기
     fp.open(fileName);
         // 출력파일 스트림 포맷 설정 (iomanip.h 헤더 필요)
     fp << setiosflags(ios::fixed)
           <<setiosflags(ios::showpoint)<<setprecision(3);
                                   // 파일에 데이터 쓰기
     for (int i=1; i<=3; i++)
     {
            fp<<setw(5)<<x<<setw(10)<<x*x
                  <<setw(10)<<x*x*x<<endl;
            x++;
     }
     fp.close();          // 출력파일 닫기
     ifstream fp_in;      // 입력파일 열기
```

```
        fp_in.open(fileName);
        cout << "입력파일 이름: "<<fileName<<"\n";
        // 입력파일 스트림 포맷 설정
        cout<<setiosflags(ios::fixed)<<setiosflags(ios::showpoint)
            <<setprecision(3);
        // 파일로부터 데이터 읽기
        for (i=1; i<=3; i++)
        {
                fp_in>>a>>b>>c;
                cout<<setw(5)<<a<<setw(10)<<b
                    <<setw(10)<<c<<endl;
        }
        fp_in.close(); // 입력파일 닫기
}
```

◆ 실행결과

```
입력파일 이름: testFile1.dat
1.500      2.250      3.375
2.500      6.250     15.625
3.500     12.250     42.875
```

설명 파일 스트림 클래스의 객체를 정의하여 디스크에 데이터 파일 testFile1.dat를 만들어 데이터를 기록하고 내용을 읽어 들이는 방법을 보였다.

12.3 멤버함수에 의한 입·출력

지금까지 텍스트 파일 스트림에 관하여 알아보았다. 이진 파일은 클래스나 구조체 등과 같은 데이터 구조 전체를 한 단위로 하여 저장하거나 읽을 수 있다. 이것은 파일 스트림 클래스의 멤버함수인 read()와 write() 함수에 의하여 수행되며, C에서 제공되는 fread()와 fwrite() 함수의 기능과 비슷하다. 객체의 멤버함수는 저장되지 않으며, 디스크에 저장되는 것은 객체의 멤버변수이다. write() 함수의 사용 형식은 다음과 같다.

```
ofstream outFile("fileName", ios::binary);
outFile.write((char *) &objectName, sizeof objectName);
```

write() 함수는 2개의 인수를 갖는다. 첫 번째 인수는 문자 포인터 자료형이어야 하므로, 저장할 객체(cbjectName)의 주소에 캐스팅을 사용하여 int * 자료형 주소를 char * 형으로 변환하였다. 두 번째 인수는 저장할 문자 개수이며, sizeof 연산자를 사용하면 된다.

이진 모드로 저장된 데이터는 이진 모드로 읽어야하며, 다음과 같이 read() 함수를 사용한다.

```
ifstream inFile("fileName", ios::binary);
inFile.read((char *) &objectName, sizeof objectName);
```

여기서 objectName는 데이터를 읽어 들일 객체를 표시하며, read() 함수의 인수의 의미는 write() 함수와 동일하다. 이진 파일도 텍스트 파일과 마찬가지로 입·출력 완료 후에는 close() 함수를 사용하여 파일을 닫아주어야 한다.

프로그램 12-5

```
#include <iostream>
#include <fstream.h>
using namespace std;
void main()
  {
    char *month[5]={"jan","feb",mar",apr","may"};
    int n=0;
    ofstream fp;
    fp.open("test1.dat",ios::out|ios::binary);
    if(!fp)
     {
       cout << "can not openfile. \n";
       exit(0);
```

```
        }
       while(1)
         {
           if( n > 5 ) break ;
           fp.write(month[n], strlen(month[n]));
           n++;
         }
   fp.close();
 }
```

◆ 실행결과

```
janfebmaraprmay
```

프로그램 12-6

```
#include <iostream>
#include <fstream.h>
using namespace std;
void main()
  {
     char buf[5];
     cn=0;
     memset(buf, 0, 5);
     ifstream fp_in;

     fp_in.open("test1.dat", ios::in | ios::binary);

if(!fp_in)   {
  cout << "can not open file. \n" ;
  exit(0);
 }

while(1)
  {
     if( n > 5 ) break ;
```

```
      fp_in.read(buf, 3);
      cout << buf << endl;
      n++;
    }

  fp_in.close();
  }
```

◆ 실행결과

```
jan
feb
mar
apr
may
```

프로그램 12-7 이진파일 입출력

```
#include <fstream.h>
class Point    // 클래스 선언
  {
    public:
        Point(double x=0, double y=0): itsX(x), itsY(y) {}
        ~Point() {}
        void PrintPosition() const
         {cout<<"("<<itsX<<", "<<itsY<<")"<<endl;}
    private:
         double itsX;
         double itsY;
  };

void main()
  {
       Point P1(3,4), P2(7,8);
       cout<<"P1 초기 데이터: ";
```

```
    P1.PrintPosition();                                  // P1 객체의 초기 데이터
    ofstream outFile("testFile2.dat",ios::binary);  // 이진file 열기
    outFile.write((char *) &P2, sizeof P2);          // 데이터 저장
    outFile.close();                                     // 파일 닫기
    ifstream inFile("testFile2.dat",ios::binary);   // 이진파일 열기
    inFile.read((char *) &P1, sizeof P1);            // 데이터 읽기
    inFile.close();                                      // 파일 닫기
    cout<<"P1 변경된 데이터: ";
    P1.PrintPosition();                                  // P1 객체의 변경된 데이터
}
```

◆ 실행결과

```
P1 초기 데이터: (3, 4)
P1 변경된 데이터: (7, 8)
```

설명 이 프로그램에서는 Point 클래스의 객체의 데이터를 이진 파일에 저장하고, 읽어 들이는 방법을 보였다. 이진 파일을 열기 위해서 ios::binary 파일모드를 사용한다. 파일 이름 testFile2.dat는 스트림 객체를 정의할 때 지정하였으며, 데이터 입·출력을 위해서 write()와 read() 멤버함수를 사용하였다. 파일에 저장된 P2 객체 데이터는 P1 객체 속으로 데이터 전체를 한번에 읽어 들일 수 있다. 이와 같이, 클래스나 구조체의 객체 데이터 저장에 이진 파일 포맷을 쓰면, 각 데이터를 하나씩 저장할 필요 없이 구조 전체를 한 단위로 처리할 수 있으므로 편리한 점이 있다.

연습문제

01. 다음과 같은 정수형 데이터를 noname1.dat 파일에 쓰고, 읽어 들이는 프로그램을 작성하여라.

```
100    200    300
110    210    310
```

02. 다음과 같은 실수형 데이터를 noname2.dat 파일에 쓰고, 읽어 들이는 프로그램을 작성하여라.

```
1.23    2.46    3.89
1.01    2.1     33.3
```

03. 문제 1의 noname1.dat 파일에 다음과 같은 정수형 데이터를 추가하는 프로그램을 작성하여라.

```
700    880    990
```

04. noname1.dat 파일에 noname2.dat 파일의 데이터를 추가하여, 하나의 파일로 만들고, 파일명을 noname3.dat로 지정하는 프로그램을 작성하라.

05. 아래와 같이 Point 클래스의 배열이 초기화되어 있다. 이 배열을 이진 파일로 저장한 후, 임시 객체 tempPoint에 읽어 들여서 멤버변수를 화면에 출력하는 프로그램을 완성하여라.

```
class Point  // Point 클래스 정의
{
  public:
            Point(double x=0, double y=0): itsX(x), itsY(y) {}
            ~Point() {}
            void SetMember(double x, double y)
```

```
                {itsX=x; itsY=y;}
                void PrintPosition() const
                {cout<<"("<<itsX<<", "<<itsY<<")"<<endl;}
   private:
                double itsX;
                double itsY;
  };

void main()
  {
        double a=1;
        Point tempPoint;
        Point pointArray[5];

       for (int i=0; i<5; i++)
        {
          pointArray[i].SetMember(a*2., a*3.);
          a++;
         }
       // ...
  }
```

13

예외처리

13.1 개요

프로그램 실행 도중에 에러(run-time error)를 발생시키며 통상적으로는 수행되지 않는 논리적 상황을 예외상황이라고 한다. 예외처리는 예외상황에 대처하여 에러를 처리하는 과정을 말한다. 다음과 같은 두 수의 나눗셈을 계산하는 간단한 프로그램을 생각해 보자.

```
int main() {
        double a, b;
        cout << "두 실수를 입력하시오: " << endl;
        cin >> a >> b;
        cout << a/b << endl;
        return 0;
}
```

이 코드는 입력된 수 b가 0이 아니면 실행하는 데에 아무 문제가 없지만, b에 0을 입력하면 0으로 나누는 예외상황이 되어 런타임 에러가 발생한다. 위의 코드는 다음과 같이 if 문을 사용하여 간단히 예외처리를 할 수 있다.

프로그램 13-1 if 문을 사용한 예외처리

```
int main() {
    double a, b;
    cout << "두 실수를 입력하시오: " << endl;
    cin >> a >> b;
    if (b != 0) cout << a / b << endl;
    else cout << "Error: 0으로 나눌 수 없습니다."<<endl;
    return 0;
}
```

그러나 위의 예외처리는 에러 처리 부분과 정상적으로 작업을 수행하는 부분과의 구분이 명확하지 않은 단점이 있다. C++에서는 가독성을 높이고, 프로그램 작성을 용이하게 할 수 있는 예외 처리 메커니즘을 별도로 제공한다.

13.2 C++ 예외처리 방식

C++ 예외처리 구조는 try 블록과 catch 블록으로 구성된다. try 블록은 예외상황이 발생할 수 있는 부분을 중괄호로 둘러싼 것이고, catch 블록은 예외상황에 대한 처리 내용을 담고 있는 코드, 즉, 예외 핸들러(handler)이다. catch 블록은 반드시 try 블록 바로 다음에 위치하여 try-catch 구조를 이루어야 한다.

```
try {
    ...;            // 예외상황이 발생할 수 있는 부분
    ...;
}
catch {             // 예외 핸들러
    ...;            // 예외처리 코드
    ...;
}
```

try 블록 안의 코드에서 예외상황이 발생하면 throw 키워드에 의하여 exception이 생성된다. C++에서 exception은 예외상황이 발생한 곳으로부터 예외핸들러로 전달되는 하나의 객체(object)이다. 이와 함께 프로그램 컨트롤도 예외 핸들러로 넘어가서 catch 블록의 예외처리 코드가 실행된다. 이후에는 catch 블록 다음의 명령문부터 이어서 실행된다. try 블록에서 throw 명령어가 실행되지 않으면 catch 블록은 무시된다.

catch 블록은 인수가 하나인 함수와 비슷하며, throw에 의하여 생성된 exception은 catch 블록에 정의된 변수에 전달된다.

프로그램 13-2 try-catch 블록에 의한 예외처리

```
int main() {
    int j, k;
    cout << "두 정수를 입력하시오: ";
    cin >> j >> k;
    try {
        if (k == 0) throw k;        // ①
```

```
            cout << static_cast<double>(j) / k << endl;
        } catch (int &n) {                          // ②
        cout << "Error: "<<n<< "으로 나눌 수 없습니다." << endl;
        }
        cout << "end of program" << endl;
        return 0;
}
```

◆ 실행결과

```
두 정수를 입력하시오: 5 0 ↵
Error: 0으로 나눌 수 없습니다.
end of program
```

설명 ①의 throw 문에 의하여 예외 데이터 k의 내용이 ②의 정수형 레퍼런스로 선언된 변수 n으로 전달된다. 그리고 프로그램 컨트롤이 예외 핸들러로 넘어간다. 예외처리가 끝나면 throw 명령문 다음이 아니라 try-catch 블록 다음부터 코드가 수행된다.

여러 개의 예외 핸들러를 둘 수도 있으며, 이 경우 throw 명령에 의하여 exception이 발생하면 catch 블록의 인수 자료형에 따라 예외 데이터가 전달된다.

프로그램 13-3

```
int main() {
        int j, k;
        cout << "두 정수를 입력하시오: ";
        cin >> j >> k;
        try {
                if (j == 0 && k == 0) throw "부정형" ;
                if (k == 0) throw int(0);
                cout << static_cast<double>(j) / k << endl;
        }
        catch (char * s) {
```

```
11.                 cout << "Error 1: " << s << endl;
12.             }
13.             catch (int &n) {
14.             cout << "Error 2: "<<n<< "으로 나눌 수 없습니다." << endl;
15.             }
16.             cout << "end of program" << endl;
17.             return 0;
18.     }
```

◆ 실행결과

(1)

```
두 정수를 입력하시오: 0 0 ↵
Error1: 부정형
end of program
```

(2)

```
두 정수를 입력하시오: 5 0 ↵
Error2: 0으르 나눌 수 없습니다.
end of program
```

설명 (1) j=0, k=0가 입력되면 6행의 throw 둔이 수행되고, 문자열(char *)의 exception이 생성된다. 이 자료형이 10행의 catch 블록 인수와 일치하므로 문자열 "부정형"은 변수 s로 전달된다.

(2) j≠0, k=0인 경우, 7행의 throw 문이 수행되어, 정수 0의 exception이 생성된다. 이것은 13행의 catch 블록에서 int&로 선언된 변수 n에 전달된다.

---

catch 블록의 인수를 (...)로 설정하면, 이 핸들러는 자료형에 관계없이 try 블록에서 전달되는 모든 exception을 붙잡는다. 이 블록은 "catch everything" 개념으로 사용되며, exception의 자료형이나 데이터 정보는 전달되지 않는다.

프로그램 13-4

```
#define MAX 1000
void main() {
    int j, k;
        cout << "두 정수를 입력하시오: " << endl;
        cin >> j >> k;
        try {
```

```
7.                  if (j == 0 && k == 0) throw  "부정형" ;
8.                  if (k == 0) throw k;
9.                  if (j > MAX || k > MAX) throw 'M';
10                  cout << static_cast<double>(j) / k << endl;
11.          }
12.          catch (char * s) {
13.                  cout << "Error 1: 부정형" << s << endl;
14.          }
15.          catch (int &n) {
16.          cout << "Error 2: "<<n<< "으로 나눌 수 없습니다." << endl;
17.          }
18.          catch (...) {
19.                  cout <<  "Error 3: 최대값 초과"  << endl;
20.          }
21.          cout << "end of program" << endl;
22.  }
```

설명 7행의 문자열 exception은 12행에서, 8행의 정수형 exception은 15행에서 각각 catch 블록으로 전달된다. 9행의 문자형 예외처리 정보는 앞의 두 catch 블록에서 잡히지 않고 18행의 catch 블록에서 처리된다.

---

throw 명령어나 catch 블록의 인수에서 exception의 구체적인 정보나 변수를 취하지 않고 자료형만을 사용할 수도 있다. 이 경우 일치하는 자료형에 의해서 exception이 전달된다. 물론 exception의 데이터 정보는 전달되지 않는다.

프로그램 13-5 자료형에 의한 exception 전달

```
#include <iostream>
#include <exception>
using namespace std;

class xClass {};    // User-defined exception class

void main() {
    try {
```

```
9.              throw int();
10.         } catch (int) {
11.                         cout << "int Catch ..." << endl;
12.           }
13.
14.         try {
15.             throw xClass();
16.         } catch (xClass) {
17.                             cout << "xClass Catch ..." << endl;
18.           }
19.
20.         try {
21.             throw exception();
22.         } catch (exception) {
23.                     cout << "exception-Class Catch ..." << endl;
24.           }
25.     }
```

◆ 실행결과

```
int Catch ...
xClass Catch ...
exception-Class Catch ...
```

설명 이 프로그램은 자료형에 의한 exception 전달을 구현하고 있다. 8~12행은 정수형, 14~18행은 5행에서 정의된 클래스, 20~24행은 C++ 내장 클래스의 자료형을 사용하여 try-catch 블록을 구성하고 있다.

13.3 함수 및 클래스를 사용한 예외처리

try 블록 안에서 함수를 호출할 경우 throw 명령어는 호출된 함수 안에 위치할 수 있다. 함수 안에서 throw 명령 실행되면 exception은 이 함수를 호출한 위치로 전달되어 예외처리가 수행된다. 그리고 함수 안에서 throw 명령을 사용할 경우 전달될 exception의 자료형을 명시할 수 있다.

```
반환형 함수명(인수, ...) throw(exception 자료형, ...);
```

이와 같이 exception 자료형을 명시함으로써 프로그램의 가독성이 증가한다. 자료형이 생략된 throw()는 이 함수가 exception을 전달하지 않음을 나타낸다.

프로그램 13-6

```
#include <iostream>
using namespace std;

double divide(double, double) throw(char *, int);

void main(){
    double x, y;
    cout << "두 수를 입력하시오: " << endl;
    cin >> x >> y;
    try
    {
        cout << divide(x, y) << endl;
    }
    catch (char *s)
    {
        cerr << "Error 1: "<< s << "입니다." << endl;
    }
    catch (int)
    {
        cerr<< "Error 2: "<<"0으로 나눌 수 없습니다." <<endl;
```

```
    }
}

double divide(double x, double y) throw(char *, int)
{
    if (x == 0 && y == 0) throw "부정형";
    if (y == 0) throw int();
    return x / y;
}
```

설명 함수 divide()에서 throw 명령어가 실행되었으며, 실행결과는 프로그램 13-3과 동일하다.

예외처리를 위한 예외 클래스를 정의할 수 있다. 아래 프로그램에서 정의된 ZeroException 클래스는 에러의 내용을 멤버 함수 showError()를 통하여 표시한다.

프로그램 13-7

```
#include <iostream>
using namespace std;

class ZeroException
{
    public:
        double dividend, divisor;
        ZeroException() {}
        ZeroException(double x,double y): dividend(x), divisor(y) {}
        void showError(){
            cerr<< "Error: " <<dividend<<"/"<<divisor<<endl; }
};
double divide(double x, double y) {
    if (y == 0)
    {
    throw ZeroException(x, y);
    }
```

```
    return x / y;
}

void main(){
    double x, y;
    cout << "두 실수를 입력하시오: ";
    cin >> x >> y;
    try
    {
        cout << "Division: "<<divide(x, y)<<endl;
    }
    catch (ZeroException & divZero)
    {
        divZero.showError();
    }
}
```

◆ 실행결과

```
두 실수를 입력하시오: 5 0 ↵
Error: 5/0
```

C++은 표준 예외 클래스 <exception>을 제공한다. <exception>을 사용하여 예외 메시지를 출력하기 위해서는 멤버함수 what()을 사용한다. 이 함수는 다음과 같이 "상수 문자열"을 반환하는 가상함수로 선언되어 있다. throw()는 이 함수가 exception을 발생시키지 않음을 나타낸다. 프로그램 13-7은 표준 예외 클래스 <exception>에서 상속된 파생 클래스를 사용한 예를 보인다.

```
virtual const char* what() const throw();
```

프로그램 13-8

```
#include <iostream>
#include <exception>
using namespace std;

class myException_1 : public exception
{
    virtual const char* what() const throw()
    { return "My exception 1 happened."; }
};

class myException_2 : public exception
{
    virtual const char* what() const throw()
    { return "My exception 2 happened."; }
};

int main() {
    int i = 0;
    cout<<"Enter (0) myException_1, (1) myException_2,
                    (2) standard exception: ";
    cin >> i;
    try
    {
        switch (i) {
        case 0: throw myException_1();
        case 1: throw myException_2();
        default: throw exception(); }
    }
    catch (exception & xC) {cout <<xC.what() << '\n';}
    return 0;
}
```

◆ 실행결과

```
Enter (0) myException_1, (1) myException_2, (2) standard exception: 0 ↵
My exception 1 happened.
```

```
Enter (0) myException_1, (1) myException_2, (2) standard exception: 2 ↵
Unknown exception
```

설명 표준 클래스 〈exception〉의 상속을 사용하여 예외 메시지를 출력할 수 있으며, 표준 클래스 〈exception〉 자체의 what() 함수는 문자열 "Unknown exception"을 출력한다.

연습문제

01. try-catch 블록을 사용하는 예외처리를 포함하여 실수 x에 대한 아래의 값을 구하는 프로그램을 작성하라.

(a) $\frac{1}{x}$ (b) $\sqrt{x}$

02. 아래 프로그램을 실행하고 그 의미를 설명하라.

```
#include <iostream>
using namespace std;

class A
{
    private:
        int i=0, j=0;
    public:
        A() {}
         A(int a, int b) :i(a), j(b) {}
         void show(){
             cout<<"(i: "<<i <<" j: " <<j <<")"<< endl; }
         ~A(){
         cout<<"destroy "<<"("<<i<<", "<<j<< ")" << endl; }
  };

  void main(){
      A A1, A2(10, 20);
      A().show(); // temporary object

      try{ throw int(); }
      catch (A){ cout << "class Catch ..." << endl; }
      catch (int){ cout << "int Catch ..." << endl; }

      try{ throw A(); }
      catch (A){ cout << "class Catch ..." << endl; }
```

```
        catch (int){ cout 〈〈 "int Catch ..." 〈〈 endl; }
}
```

03. 표준 예외 클래스 〈exception〉의 상속에 멤버 데이터 및 멤버 함수를 추가한 파생 클래스를 정의하여 프로그램 13-7의 내용을 수행하는 프로그램을 작성하라.

04. 아래 프로그램을 실행하고 그 의미를 설명하라.

```
#include 〈iostream〉
using namespace std;
class E {
   public:
      const char* error;
      E(const char* arg) : error(arg) { }
};

class A {
    public:
       int i;

    A() try : i(0) //function try block with member initializer
    {
       throw E("Exception thrown in A()");
    }
       catch (E& e) {
       cout 〈〈 e.error 〈〈 endl;
       }
 };

 void f()
    try {
       throw E("Exception thrown in f()");
    }
    catch (Ξ& e) {
       cout 〈〈 e.error 〈〈 endl;
    }
```

```
    void g() {
        throw E("Exception thrown in g()");
    }

    int main() {
        f();
        try {
            g();
        }
        catch (E& e) {
            cout << e.error << endl;
        }
        try {
            A x;
        }
        catch (...) {}
    }
```

05. 예외 클래스 ZeroException과 negativeException은 xClass로부터 상속되었다. xClass에서 정의된 순수 가상함수 Status가 파생 클래스에서 사용되는 원리를 설명하여라.

```
#include <iostream>
using namespace std;

class xClass {
   public: virtual void Status() = 0;
};

class ZeroException : public xClass {
   public:
     double dividend, divisor;
     ZeroException(double x, double y): dividend(x), divisor(y)      {}
     void Status(){
          err<<"Division Error: " << dividend <<"/"<<  divisor << endl;}
 };
```

```
class negativeException : public xClass {
    public:
        double arg;
        negativeException(double x) : arg(x) {}
        void Status(){
        cerr<<"Square Root Error: "<<arg<< "<0" << endl;          }
};

double divide(double x, double y) throw (xClass)
{
    if (y == 0) throw ZeroException(x, y);
    return x / y
}

double squareroot(double x) throw (xClass)
{
    if (x < 0) throw negativeException(x);
    return sqrt(x) ;
}

void main(){
    double x, y;
    cout << "(나눗셈) 두 실수를 입력하시오: "
    cin >> x >> y;
    try { cout << "Division: " << divide(x, y) << endl; }
    catch (xClass& xC) { xC.Status(); }
    cout << "(제곱근) 실수를 입력하시오: "
    cin >> x ;
    try { cout << "Square root: " << squareroot(x) << endl; }
    catch (xClass& xC) {xC.Status();}
}
```

부록

부록 A : ASCII 코드 표

DEC x10	HEX x16	ASCII	DEC x10	HEX x16	ASCII	DEC x10	HEX x16	ASCII
0	00	NUL	30	1E	RS	60	3C	〈
1	01	SOH	31	1F	US	61	3D	=
2	02	STX	32	20	SP	62	3E	〉
3	03	ETX	33	21	!	63	3F	?
4	04	EOX	34	22	"	64	40	@
5	05	EOT	35	23	#	65	41	A
6	06	ENQ	36	24	$	66	42	B
7	07	ACK	37	25	%	67	43	C
8	08	BEL	38	26	&	68	44	D
9	09	BS	39	27	'	69	45	E
10	0A	HT	40	28	(	70	46	F
11	0B	LF	41	29	)	71	47	G
12	0C	VT	42	2A	*	72	48	H
13	0D	FF	43	2B	+	73	49	I
14	0E	CR	44	2C	,	74	4A	J
15	0F	SO	45	2D	—	75	4B	K
16	10	SI	46	2E	.	76	4C	L
17	11	DLE	47	2F	/	77	4D	M
18	12	DC1	48	30	0	78	4E	N
19	13	DC2	49	31	1	79	4F	O
20	14	DC3	50	32	2	80	50	P
21	15	DC4	51	33	3	81	51	Q
22	16	NAK	52	34	4	82	52	R
23	17	SYN	53	35	5	83	53	S
24	18	CAN	54	36	6	84	54	T
25	19	EM	55	37	7	85	55	U
26	1A	SUB	56	38	8	86	56	V
27	1B	ESC	57	39	9	87	57	W
28	1C	FS	58	3A	:	88	58	X
29	1D	GS	59	3B	;	89	59	Y

90	5A	Z	103	67	g	116	74	t
91	5B	[	104	68	h	117	75	u
92	5C	\	105	69	i	118	76	v
93	5D	]	106	6A	j	119	77	w
94	5E	^	107	6B	k	120	78	x
95	5F	_	108	6C	l	121	79	y
96	60	'	109	6D	m	122	7A	z
97	61	a	110	6E	n	123	7B	{
98	62	b	111	6F	o	124	7C	|
99	63	c	112	70	p	125	7D	}
100	64	d	113	71	q	126	7E	~
101	65	e	114	72	r	127	7F	DEL
102	66	f	115	73	s			

부록 B : 연산자 우선 순위

연산자 (우선순위가 높은 순서대로)	내용
::	영역 해결, 전역지정
( )	함수 호출, 수식 나열
[ ]	첨자
->	멤버 선택(포인터)
.	멤버 선택
!	부정
~	보수
++	증가
--	감소
&	주소
*(참조)	지시
sizeof	자료형 크기
new	메모리 할당
delete	메모리 삭제
( )	Cast 자료형 변환
*	곱셈
/	나눗셈
%	나머지

<table>
<tr><td>+
−</td><td>덧셈
뺄셈</td></tr>
<tr><td><<
>></td><td>좌측 이동
우측 이동</td></tr>
<tr><td><
<=
>=
></td><td>보다 작다
작거나 같다
보다 크다
크거나 작다</td></tr>
<tr><td>==
!=</td><td>같다
같지 않다</td></tr>
<tr><td>&</td><td>비트별 논리곱</td></tr>
<tr><td>^</td><td>배타 논리합</td></tr>
<tr><td>|</td><td>비트 논리합</td></tr>
<tr><td>&&</td><td>논리곱</td></tr>
<tr><td>||</td><td>논리합</td></tr>
<tr><td>:?</td><td>조건 연산</td></tr>
<tr><td>=
*=
/=
%=
+=
−=
^=
&=
|=</td><td>단순 치환
곱셈 누적 치환
나눗셈 누적 치환
나머지 누적 치환
덧셈 누적 치환
뺄셈 누적 치환
배타 논리합 누적치환
논리곱 누적 치환
논리합 누적 치환</td></tr>
<tr><td>,</td><td>연속 연산</td></tr>
</table>

색인

고객지원안내

본 도서에 실려있는 모든 소스코딩예제는
복두출판사 홈페이지(www.bogdoo.co.kr) 자료실 또는
저자 페이스북(facebook.com/groups/namespace)에서
다운 받으실 수 있습니다.

저자와의
협의에 의해
인지 생략

C++ 길라잡이

1판 3쇄 2019년 8월 30일

저 자 김태수 / 전중창
발행인 송광헌
발행처 복두출판사
주 소 서울특별시 영등포구 경인로 82길 3-4
센터플러스 807호 (우) 07371
전 화 02-2164-2580
FAX 02-2164-2584
등 록 1993. 11. 22. 제 10-902 호

정가 : 17,000원
ISBN : 978-89-8000-398-3 93000

한국과학기술출판협회 회원사